ALIX LEFIEF-DELCOURT

W0304137

MES PETITES RECETTES MAGIQUES PALÉO

Téléchargez 10 idées de menus paléo ! (voir p. 192)

POCHE

LEDUC.S

SOMMAIRE

INTRODUCTION

« Manger comme les hommes préhistoriques. » Résumé ainsi, le régime paléo peut prêter à sourire. Mais ce mode d'alimentation est bien plus sensé que cela ! Ce qu'il propose en réalité, c'est un retour aux sources mêmes de notre alimentation. Au fil des siècles, les aliments ont de plus en plus été industrialisés ; les céréales ont muté ; les farines et les huiles ont été raffinées ; les aliments ont été enrichis en conservateurs, en colorants et en additifs divers et variés… Résultat : tout ce que l'on mange aujourd'hui, ou presque, est artificiel ! À la clé, une explosion des problèmes de santé (dont certains sont totalement nouveaux) : troubles digestifs, allergies, fatigue chronique, obésité, cholestérol, hypertension, maladies cardiovasculaires, cancer… Et si retrouver une alimentation la plus naturelle possible – l'alimentation des origines – permettait enfin de renouer avec notre santé originelle et de répondre vraiment à nos besoins physiologiques ? Et si face à la multitude d'informations contradictoires à laquelle nous sommes en permanence confrontés au sujet de l'alimentation, le plus simple et le plus efficace était de retourner aux sources, à savoir à ce que mangeaient nos ancêtres il y a des millions d'années ?

L'alimentation paléo fait le buzz depuis quelques années : ouvrages pratiques, sites spécialisés, blogs, forums... De plus en plus de gens, attentifs à leur santé et à leur bien-être, adoptent ce mode d'alimentation. Il existe en effet de nombreuses bonnes raisons de s'intéresser de plus près à l'alimentation paléo. Nous n'allons pas vous les dévoiler toutes d'emblée, mais pour vous donner envie de poursuivre la lecture de cet ouvrage, en voici un aperçu...

- C'est une alimentation qui fait la part belle aux **aliments non transformés**, et bannit les aliments riches en additifs divers et variés, en mauvaises graisses, en sucre ou en sel.
- C'est une **alimentation vitaminée**, car riche en produits frais, en particulier en légumes.
- C'est une alimentation **riche en bonnes graisses** (et pauvre en mauvaises graisses). Idéal pour votre santé cardio-vasculaire !
- C'est une alimentation **pauvre en sucre**, une substance tenue pour responsable de la hausse du nombre de cas d'obésité et de la recrudescence de nombreuses maladies.
- C'est une alimentation **sans gluten**. Intéressant quand on sait que de plus en plus de personnes sont déclarées intolérantes ou hypersensibles au gluten.

- De manière plus générale, c'est une alimentation **sans produits céréaliers**. Vous allez apprendre dans ce livre que le gluten (contenu notamment dans le blé) n'est pas le seul composant des céréales à être sérieusement remis en cause…
- C'est une alimentation **sans produits laitiers** (en tout cas, dans certaines « versions » du régime paléo). À l'heure où les bienfaits du lait et de ses dérivés sont de plus en plus remis en question, ce mode d'alimentation propose une alternative pertinente.

Ce mode d'alimentation est donc fait pour vous si :
- vous souhaitez dire **stop à votre addiction aux produits sucrés** ;
- vous souffrez d'une **intolérance au gluten et/ou au lactose** ;
- vous souhaitez **maigrir durablement** ;
- vous voulez tout simplement **mieux manger**, retrouver le goût des « bonnes choses », saines et naturelles, et dire stop aux produits industriels transformés à l'excès et complètement insipides ;
- vous voulez **retrouver toute votre vitalité** !

TOUT SAVOIR SUR L'ALIMENTATION PALÉO

15 QUESTIONS-RÉPONSES POUR MIEUX CONNAÎTRE L'ALIMENTATION PALÉO

1. Qui a inventé le régime paléo ?

Le régime paléo n'a pas été « inventé ». En réalité, c'est **le mode d'alimentation primitif des tout premiers hommes** qui étaient alors chasseurs-cueilleurs. Pendant très longtemps, les scientifiques ne se sont pas vraiment intéressés aux menus de nos lointains ancêtres. Mais les choses ont changé dans les années 1980, notamment sous l'impulsion du Dr Stanley Boyd Eaton, anthropologue médical et radiologiste américain. En 1985, il publie, en collaboration avec le professeur d'anthropologie et de neurosciences Melvin Konner, un article sur le sujet dans une prestigieuse revue médicale. Intitulé *Paleolithic Nutrition*, l'article fait grand bruit. De nombreux scientifiques commencent alors à examiner de plus près cette « alimentation préhistorique », essayant de déterminer de façon claire et précise comment les hommes se nourrissaient il y a des milliers d'années, et de lister les nombreux avantages de ce régime.

Cette approche est ensuite popularisée par Loren Cordain, professeur au Département des Sciences de la santé et de l'exercice à l'Université de l'État du Colorado. Celui-ci **remet alors au goût du jour l'alimentation paléo, en conservant les grands principes de base mais en l'adaptant à notre époque** (par exemple en autorisant la cuisson des aliments, ou encore en remplaçant certains aliments par d'autres, plus faciles à trouver). Auteur de plusieurs guides de vulgarisation et de livres de recettes paléo, le Pr. Loren Cordain est aujourd'hui considéré comme le fondateur du « mouvement paléo ».

En France, **cette théorie est notamment reprise par le Dr Jean Seignalet, auteur de *L'Alimentation ou la troisième médecine*.** Cet éminent médecin et biologiste, spécialiste de l'immunité et des greffes d'organes, préconise à son tour le retour à une alimentation ancestrale pour traiter un certain nombre de maladies « modernes » comme le cancer, la sclérose en plaques, le diabète, la dépression, la maladie cœliaque (intolérance au gluten), l'asthme et bien d'autres encore. Selon lui, l'organisme humain n'est pas équipé pour digérer les produits de l'agriculture (qui est récente, à l'échelle de la planète), ceux issus de laits animaux ou les aliments cuits à haute température. Et encore moins pour assimiler les produits transformés. Il élabore ainsi une diète « hypotoxique » basée sur l'exclusion des céréales modernes et des produits laitiers, et favorisant la consommation d'aliments crus ou très peu cuits.

C'EST QUOI LE PALÉOLITHIQUE ?

C'est la toute première période de la préhistoire. Et aussi la plus longue car elle s'étend de – 3 000 000 d'années (date de l'apparition du genre *Homo*) à – 10 000 ans environ. Pour vous aider à vous repérer, sachez par exemple que les dessins de la grotte de Lascaux auraient été réalisés vers – 15 000 ou – 16 000 ans. Le paléolithique a pris fin avec la révolution agricole, et donc l'apparition d'un nouveau mode d'alimentation.

2. Quels sont les grands principes du régime paléo ?

Le régime paléo se fonde sur la théorie de l'évolution de Darwin. Cette théorie avance que ce sont nos gènes qui déterminent notre mode d'alimentation. Or ceux-ci ont très peu évolué. **Nous sommes génétiquement programmés pour manger certains types d'aliments**, et cela n'a pas changé depuis des siècles. Tous les aliments « d'invention récente » seraient donc « contre-nature ». L'idée est de dire que l'organisme humain assimile mieux les aliments naturels et bruts qui ont été à la base de l'alimentation des hommes pendant des millions d'années. Que le corps n'est pas naturellement fait pour consommer des aliments transformés. **Le régime de nos ancêtres les chasseurs-cueilleurs était donc idéal pour eux. Et il l'est toujours aujourd'hui pour nous, car il répond à tous nos besoins nutritionnels.** Or nous nous sommes éloignés de ce mode d'alimentation originel au fur et à mesure des progrès de l'élevage, de l'agriculture et de l'industrie. L'organisme humain a dû s'adapter, ce qui est à l'origine de l'explosion de nombreux problèmes de santé et de maladies chroniques comme les allergies, les intolérances, le diabète, l'obésité, les maladies cardiovasculaires, les cancers…

3. En pratique, en quoi consiste le régime paléo ?

Le régime paléo consiste à retrouver le mode d'alimentation originel des premiers hommes, mais rassurez-vous, adapté à l'époque moderne. Très concrètement, ceux-ci tiraient leur nourriture de la nature (**grâce à la chasse, la pêche ou la cueillette**), mais sans l'exploiter, grâce à l'agriculture ou à l'élevage, des techniques qui feront leur apparition beaucoup plus tard.

Leur alimentation, à base d'**aliments sauvages non transformés**, se composait de viande maigre, de poisson et de fruits de mer ; de légumes et de fruits ; de graines oléagineuses… et rien d'autre ! Ils ne connaissaient donc pas les produits issus de l'agriculture comme les céréales,

les laitages, les légumineuses ou encore le sel, le sucre et les huiles extraites à chaud.

En clair, voici un petit récapitulatif rapide des aliments autorisés et interdits dans la diète paléo, ainsi que de ceux dont la consommation doit se faire avec modération. Nous reviendrons sur ces aliments en détail dans la suite de cet ouvrage (à partir de la page 35).

ALIMENTS AUTORISÉS	ALIMENTS INTERDITS
• Viandes maigres, volailles, poissons, fruits de mer, œufs • Légumes (pauvres en amidon) • Fruits (avec modération) • Fruits oléagineux (noisettes, noix, amandes…) et graines (de tournesol, de lin…) • Certaines huiles végétales, beurre clarifié • Chocolat noir à 70 % de cacao minimum • Miel • Thé, café (avec modération)	• Viandes grasses • Viandes transformées (bacon, saucisses…) • Légumes riches en amidon (pomme de terre, manioc…) • Céréales et produits céréaliers • Légumineuses (pois chiches, haricots secs…) • Produits laitiers (lait, fromage, yaourts…)* • Produits transformés, en conserve • Produits raffinés (sucre, sel…) • Certaines huiles, huiles extraites à chaud • Boissons alcoolisées contenant du gluten et/ou du sucre (bière, cocktails…), boissons sucrées

* À noter : tous les spécialistes de l'alimentation paléo ne sont pas d'accord sur le sujet des produits laitiers. Certains autorisent la consommation de produits laitiers à base de lait fermenté ou de lait cru, d'autres les interdisent totalement. Voir également p. 19 et 53.

On le voit ci-dessus, le régime paléo suppose de **faire une croix sur un grand nombre d'aliments que l'on a l'habitude de considérer comme indispensables à une alimentation équilibrée**, en particulier les produits laitiers ainsi que les céréales et les légumineuses. Ce sont les deux points qui soulèvent le plus de critiques à l'encontre de ce mode d'alimentation, et sur lesquels nous reviendrons dans la suite de ce livre (voir p. 19 et 21). Pour le reste, l'idée de bannir les produits gras, transformés, raffinés, sucrés ou trop salés soulève beaucoup moins de débats !

De manière plus générale, le régime paléo implique une nouvelle répartition des protéines, lipides et glucides par rapport aux normes généralement admises d'une alimentation équilibrée.

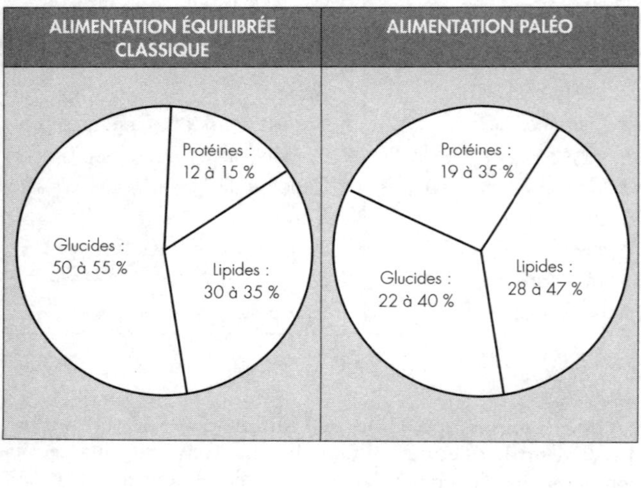

En clair, l'alimentation paléo est :

- moins riche en glucides ;
- plus riche en protéines ;
- plus riche en lipides.

DU BRÛLAGE DES GLUCIDES AU BRÛLAGE DES GRAISSES

Dans l'alimentation classique, on considère que les glucides sont la principale source d'énergie. Dans l'alimentation paléo, cette fonction est assurée par les lipides. L'objectif de ce mode d'alimentation est donc de passer du brûlage des glucides au brûlage des graisses. À la clé, de nombreux avantages. En brûlant des graisses plutôt que des sucres, le corps s'épuise moins. En effet, les sucres brûlent vite tandis que les graisses brûlent plus lentement. Résultat : en brûlant des sucres, le corps est obligé de réalimenter sa cheminée toutes les deux heures, et il est sujet aux fringales et aux coups de pompe. Conséquence : il s'épuise. À l'inverse, en brûlant des graisses, il résiste mieux sur la durée et bénéficie d'une énergie constante.

FINI LE COMPTAGE DES CALORIES !

Le grand principe du régime paléo est d'arrêter de manger lorsque l'on est rassasié. Inutile donc de compter les calories ou même les grammes de glucides. Mangez à votre faim, mais soyez à l'écoute de vos sensations pour arrêter de manger quand vous n'avez plus faim.

4. Le régime paléo est-il un régime *low carb* classique ?

On vient de le voir : le régime paléo mise sur une réduction des glucides : on passe de 50 à 55 % à une proportion comprise entre 22 et 40 %. En ce sens, il peut faire penser à un régime *low carb* classique (« bas en carbohydrates » ou « faible en glucides »), comme le régime Atkins, par exemple. En réalité, ces deux méthodes se différencient sur un certain nombre de points :

- **La consommation de glucides est illimitée** dans l'alimentation paléo, à condition que ceux-ci soient fournis par les fruits et les légumes à faible index glycémique (voir encadré ci-après). Dans le régime Atkins, les glucides sont purement et simplement supprimés, qu'il s'agisse des sucreries, des légumineuses, des céréales, mais aussi des fruits.
- Le régime paléo mise sur **une réduction des graisses animales et une sélection des bonnes graisses.** Le régime Atkins autorise la consommation de lipides de toutes sortes.
- Dans le régime paléo, **seules les sources de protéines animales maigres ou riches en bonnes graisses sont autorisées.** Dans le régime Atkins, il n'y a pas de distinction.

À noter : la part idéale des glucides dans l'alimentation paléo se situe entre 22 et 40 %. Pourquoi un tel écart ? En réalité, il faut adapter sa consommation de glucides en fonction de son objectif (voulez-vous perdre du poids ?), et de son niveau d'activité (plutôt actif ou pas ?). Si par exemple vous êtes actif et que vous n'avez pas de poids à perdre, vous pouvez consommer des glucides à hauteur de 40 %, en privilégiant davantage les fruits. Si, à l'inverse, vous n'avez pas beaucoup d'activité physique et que vous voulez perdre quelques kilos, il vous faudra réduire votre consommation de glucides en vous limitant à un fruit par jour et en évitant les légumes riches en glucides comme les pommes de terre ou les patates douces.

ZOOM SUR L'IG

L'index glycémique, ou IG, est **la mesure de l'impact d'un aliment glucidique sur la glycémie**, à savoir le taux de sucre dans le sang. Tous les aliments sont classés selon une échelle à 3 niveaux (l'IG de référence étant celui du glucose) :

En dessous de 55 : IG bas.

Exemples : pomme, orange, noix de pécan, tous les légumes verts, riz brun…

Entre 55 et 70 : IG modéré.

Exemples : abricot frais, melon, raisin sec, riz blanc, polenta, sucre blanc, confiture…

Au-dessus de 70 : IG élevé.

Exemples : confiserie, lait de riz, datte, purée de pommes de terre instantanée, frite…

5. Le régime paléo est-il un régime sans produits laitiers ?

Les adeptes du régime paléo strict, comme Loren Cordain, vous répondront que **le lait de vache et les produits laitiers ne sont pas paléo,** car ils ne font pas partie de l'alimentation des hommes du paléolithique. À cela s'ajoutent d'autres raisons.

- L'homme ne serait **pas génétiquement fait pour digérer le lait**, et en particulier l'un de ses sucres principaux, le lactose. Passé un certain âge, l'intestin ne produirait plus du tout de lactase, une enzyme indispensable à la bonne digestion du lactose. À la clé, des problèmes intestinaux comme des ballonnements, des gaz, des diarrhées, des vomissements, mais aussi une fatigue, des maux de tête ou encore des douleurs musculaires. Cette « intolérance au lactose » serait particulièrement présente chez certaines populations, comme les Asiatiques (95 % à 100 % des personnes), les Amérindiens (80 à 100 %) ou encore les Noirs (60 à 80 %). Les personnes d'origines nord-européennes seraient les moins concernées (entre 2 et 15 %)*.

- En raison de l'industrialisation de la production du lait, celui-ci contiendrait également **trop d'hormones** (les vaches produisant, même en période de gestation, du lait consommé par l'homme).
- Autre reproche couramment fait au lait : celui de contenir **une protéine proche du gluten,** la caséine, susceptible d'aggraver les problèmes intestinaux.

Pour d'autres, comme Mark Sisson, auteur de plusieurs best-sellers américains sur l'alimentation paléo, **le lait peut faire partie du régime paléo,** car il apporte des bons gras et certains nutriments indispensables, **à condition de bien choisir les produits que l'on consomme** (voir p. 53).

Conclusion : faut-il bannir purement et simplement le lait et tous les produits laitiers de son alimentation quand on décide de manger paléo ? Tout dépend en fait de la façon dont vous digérez ces aliments. Si cela ne vous pose pas de problème particulier, vous pouvez suivre la voie de Mark

* Swagerty DL Jr, Walling AD, Klein RM. Lactose intolerance. *American Family Physician*. 2002.

Sisson et consommer de temps à autre du lait cru ou du lait fermenté de bonne qualité. Sinon, abstenez-vous !

6. Pourquoi éliminer les céréales et les légumineuses de son alimentation ?

Tous les produits céréaliers ainsi que les légumineuses sont bannis de l'alimentation paléo. Et pour cause : ils ne faisaient pas partie de l'alimentation des chasseurs-cueilleurs du paléolithique, qui ont vécu avant même l'introduction de l'agriculture, et donc des céréales. Selon les promoteurs de ce mode d'alimentation, toutes les céréales (qu'elles soient avec ou sans gluten) sont non seulement **pauvres en nutriments** (vitamines, acides aminés…) **par rapport aux fruits et légumes frais ou aux produits animaux, mais en plus, elles contiennent des composés toxiques pour l'homme, à savoir des phytates et des lectines** (sans oublier le gluten, voir p. 22). Les premiers freineraient l'absorption des nutriments, tandis que les seconds abîmeraient la paroi intestinale, favorisant les inflammations et les maladies auto-immunes.

Contrairement aux recommandations officielles largement acceptées aujourd'hui, la consommation de céréales, devenues aujourd'hui l'une des bases de notre alimentation moderne, serait donc néfaste pour l'homme. Certains archéologues ou biologistes vont même jusqu'à dire que la santé des humains s'est détériorée peu après la généralisation de l'agriculture. Le changement de nourriture et notamment la consommation de sucres principalement issus des céréales auraient par exemple coïncidé avec l'augmentation de la fréquence des caries ou de maladies comme le scorbut (dû à une carence en vitamine C). **Si aujourd'hui, la prise de conscience de la toxicité du gluten est de plus en plus large, dans les prochaines années, la question de la possible toxicité de toutes les autres céréales pourrait devenir une question centrale…**

DES LÉGUMINEUSES SOUS CONDITIONS…

Certains spécialistes de l'alimentation paléo affirment que l'on peut consommer de temps à autre des légumineuses (comme les lentilles ou les haricots rouges), notamment pour compléter ses apports en protéines végétales, quand on est paléo et végétarien. Rappelons que les légumineuses, tout comme les céréales, sont généralement bannies de ce mode d'alimentation car elles sont accusées de contenir des protéines irritant les intestins ainsi que des substances freinant la bonne absorption des nutriments. Mais certains affirment que les laisser tremper toute la nuit permet d'atténuer le problème. À vous de voir si vous les digérez mieux ainsi et, de toute façon, à consommer avec modération !

7. Quels sont les avantages d'une alimentation sans gluten ?

Le régime paléo repose sur l'élimination de toutes les céréales de son alimentation, et *a fortiori* donc, sur l'éviction totale du gluten. Celui-ci est devenu, ces dernières années, l'ennemi public numéro 1. Le gluten est une protéine présente dans un certain nombre de céréales couramment consommées comme le blé, le seigle, l'orge, l'avoine ou encore l'épeautre. Le problème est que l'homme digère mal cette protéine, et plus encore le blé moderne, résultat de nombreuses transformations destinées à accroître son rendement et sa résistance. Ce qui explique **la hausse constante du nombre de personnes diagnostiquées « intolérantes au gluten », porteuses de ce que l'on appelle la « maladie cœliaque »**. Il s'agit d'une maladie auto-immune : en présence de gluten, le système immunitaire attaque ses propres cellules, qu'il considère comme des ennemies. Résultat : les parois de l'intestin grêle, et plus précisément les villosités qui le composent, sont progressivement détruites. Ce qui empêche une bonne digestion, entrave l'absorption des minéraux et des vitamines, et peut causer de très nombreux problèmes de santé. Un test sanguin et une biopsie permettent de poser le diagnostic de la maladie. Outre les symptômes courants de la maladie (diarrhée ou constipation chronique, douleurs abdominales, perte de poids, fatigue, irritabilité...), les conséquences à long terme peuvent être graves : anémie, maladies cardiovasculaires, diabète, cancer... Dans ce cas, la seule solution est la mise en place d'un régime sans gluten particulièrement strict, qui doit être poursuivi à vie.

Mais **les personnes porteuses de la maladie cœliaque ne sont pas les seules à mal digérer le gluten**. Il y a quelques années seulement, les scientifiques ont découvert que l'hypersensibilité au gluten existait bel et bien. En clair, certaines personnes non porteuses de la maladie cœliaque peuvent ressentir des symptômes bien spécifiques après l'absorption de gluten : douleurs abdominales, eczéma, maux de tête, diarrhée, fatigue, ballonnements, nausées et vomissements...

Cette hypersensibilité concernerait entre 10 et 20 % de la population ! Dans ce cas, un régime sans gluten permettrait de soulager, voire de faire disparaître cette gêne.

Le régime paléo est donc l'une des solutions pour les personnes qui doivent (ou veulent, par simple choix) éliminer le gluten de leur alimentation !

ET LES ALIMENTS INDUSTRIELS « SANS GLUTEN » : PALÉO OU PAS ?

Les aliments industriels estampillés sans gluten (type biscuits, pâtes…) sont bien sûr bannis de l'alimentation paléo. Ils sont en effet fabriqués avec d'autres céréales que le blé et ses acolytes, ou avec des légumineuses. Deux catégories d'aliments qui n'ont pas leur place dans l'alimentation paléo. Retenez que, de manière générale, les produits industriels quels qu'ils soient ne sont pas autorisés dans ce régime.

8. L'ALIMENTATION PALÉO EST-ELLE « TROP » GRASSE ?

Le régime paléo mise sur une réduction de la part des glucides et une augmentation de celle des lipides. Pour simplifier, on peut donc effectivement dire que l'alimentation paléo est « plus grasse » qu'une alimentation « classique ». Mais **les graisses privilégiées dans ce mode d'alimentation ne sont pas n'importe lesquelles !** Issues de fruits oléagineux et de graines, ce sont des « bonnes » graisses, c'est-à-dire des graisses poly-insaturées ou oméga-3. La preuve : des études menées sur les chasseurs-cueilleurs semblent démontrer qu'ils ne connaissaient pas les problèmes de cholestérol ou de maladies cardiovasculaires.

Les « mauvaises graisses », que l'on trouve dans les viandes rouges, les produits laitiers ou encore les aliments industriels, sont, elles, à éviter.

À noter : la viande est l'un des aliments phares de l'alimentation paléo, mais attention, seules les viandes maigres sont à privilégier. Même si, en leur temps, les hommes préhistoriques ne faisaient pas la différence entre ces deux types de viande… Et pour cause, ils ne mangeaient que de la viande d'animaux sauvages, particulièrement maigre mais riche en oméga-3.

ET SI MANGER GRAS ÉTAIT BON POUR LA SANTÉ… ET POUR LA LIGNE ?

Dans notre conception moderne de l'alimentation, les graisses sont montrées du doigt : elles sont accusées de tous les maux, de faire grossir mais aussi de provoquer de nombreux problèmes de santé (maladies cardiovasculaires, obésité…). Or la réalité est plus complexe et aujourd'hui, de nombreuses voix s'élèvent pour réhabiliter les matières grasses, indispensables au bon fonctionnement de l'organisme. L'idée est de dire que ce ne sont pas les graisses qui font grossir, mais bien les glucides qui, consommés en excès, sont stockés sous forme de graisses. Résultat : si vous diminuez votre consommation de glucides tout en choisissant mieux vos sources de graisses, vous ne pouvez que perdre du poids, et faire du bien à votre santé. Ce sont deux des principaux axes de l'alimentation paléo ! Les partisans du régime cétogène vont encore plus loin en affirmant qu'une alimentation presque exclusivement basée sur les graisses est le remède à de nombreux problèmes de santé : épilepsie, maladie d'Alzheimer, cancer…

LE RATIO OMÉGA-3/OMÉGA-6 : À SURVEILLER !

Il existe deux grands types d'acides gras poly-insaturés : les oméga-3 (majoritaires dans les poissons gras, huiles et graines de lin, huile de colza, de noix...) et les oméga-6 (huile de tournesol, de pépins de raisin, de palme, margarine, viandes...). Si les deux sont indispensables dans la prévention de nombreuses maladies, il faut veiller à ne pas consommer d'oméga-6. En excès, ils peuvent empêcher l'utilisation optimale des oméga-3. Or aujourd'hui, on a tendance à consommer trop d'oméga-6 et pas assez d'oméga-3. Dans notre mode d'alimentation moderne, le rapport oméga-6/oméga-3 serait compris entre 10/1 et 30/1, alors qu'il devrait se situer au maximum à 4/1.

9. Manger paléo, c'est être carnivore ?

Certes, la viande est l'un des aliments de base de l'alimentation paléo. Mais nos ancêtres ne mangeaient pas que cela, et ce n'est pas non plus ce qui est préconisé aujourd'hui. La version moderne de l'alimentation paléo aurait même tendance à conseiller **une diminution de la quantité de viande au profit de la qualité** (se fournir en viandes « paléo », c'est-à-dire nourries exclusivement avec de l'herbe étant de plus en plus compliqué aujourd'hui !). La règle d'or de l'alimentation paléo veut d'ailleurs que l'assiette soit davantage remplie de légumes que de viande.

10. Peut-on être paléo et végétarien ?

Les protéines animales, en particulier les viandes et les poissons, sont au cœur du régime paléo. Peut-on alors raisonnablement concilier alimentation paléo et alimentation végétarienne (qui exclut toute chair animale, c'est-à-dire viande et poisson inclus) ? Ou encore alimentation paléo et alimentation végétalienne (qui exclut également, en plus de la viande et du poisson, les produits laitiers et les œufs) ? En théorie, ce n'est pas forcément évident. Mais en pratique, cela peut être possible. Dans ce cas, pour éviter les carences principales dues à l'absence de viande (protéines, vitamine B12, minéraux…), il semble indispensable d'adopter quelques bons réflexes supplémentaires.

- **Pour combler les besoins en protéines**, l'accent doit être mis sur les protéines végétales : on les trouve dans les graines et les fruits oléagineux, certains légumes (épinards, chou kale, brocoli…), les algues… Les végétariens peuvent aussi miser sur la consommation d'œufs, riches en protéines de bonne qualité.
- **Pour satisfaire les besoins en vitamine B12** (une vitamine qui se trouve principalement dans les produits d'origine animale), la prise de compléments alimentaires est nécessaire, surtout si vous êtes végétalien. Si vous êtes végétarien, vous pourrez en trouver dans les œufs.
- **Pour combler les besoins en fer**, misez sur les aliments comme les algues, le sésame, le cacao, le persil… riche en fer non héminique. Celui-ci étant moins assimilable que le fer héminique contenu dans les produits animaux, il est conseillé de l'associer à une source de vitamine C (agrumes, brocoli…) pour faciliter son absorption.
- **Pour un apport suffisant d'oméga-3** (si vous ne consommez pas de poisson), ajoutez à votre alimentation des graines de lin ou de chia.
- **Pour éviter les carences en certains minéraux (iode, zinc…)**, les compléments alimentaires peuvent se révéler indispensables.

11. Le régime paléo impose-t-il de manger cru ?

Selon les historiens, les hommes du paléolithique mangeaient majoritairement cru. Seuls les viandes et les poissons étaient parfois rapidement cuits. Mais, rassurez-vous, **la version modernisée du régime paléo autorise la cuisson des aliments, à condition d'opter pour des cuissons douces ou rapides**, comme la cuisson vapeur. Ce qui n'est pas toujours au goût des paléo-addicts les plus extrémistes qui, eux, adoptent un ratio cru/cuit de 90/10.

12. Manger paléo coûte-t-il plus cher ?

L'alimentation paléo accorde une importance toute particulière aux produits de qualité et à certaines catégories d'aliments plus chers, notamment les viandes ou les poissons. Mais gardez en tête que, dans le même temps, **vous ferez un grand nombre d'économies** en n'achetant plus certains produits particulièrement coûteux : plats cuisinés, produits industriels, viennoiseries, pâtisseries, sucreries, boissons sucrées... À l'inverse, vous achèterez davantage de produits non transformés, locaux et de saison, qui coûtent beaucoup moins cher. L'un dans l'autre, vous mangerez mieux sans dépenser plus (et peut-être même en dépensant moins). Que demander d'autre ?

13. Quels sont les bienfaits de l'alimentation paléo ?

Selon les défenseurs de ce mode d'alimentation, son premier bienfait est de **prévenir un très grand nombre**

de maladies « de civilisation » qui sont en constante augmentation. C'est le cas notamment des maladies inflammatoires et auto-immunes (maladie cœliaque, arthrite rhumatoïde, sclérose en plaques…). L'argument principal est de dire que nous ne mangeons pas ce que nous devrions manger, ce que nous sommes génétiquement programmés à manger. En diminuant un certain nombre d'aliments « toxiques » comme le gluten, les céréales ou les produits laitiers, on protège son système digestif et sa santé en général. En adoptant un retour aux sources alimentaires, on pourrait aussi **améliorer son bien-être, bénéficier d'une meilleure digestion, gagner en énergie, augmenter le taux de bon cholestérol, réduire le risque de maladies cardiovasculaires et d'hypertension, prévenir les cancers…**

LE RÉGIME PALÉO POUR PERDRE DU POIDS ?

Une étude menée par des chercheurs suédois au début des années 2010 a montré qu'une alimentation de type paléo peu stricte (sans restriction de calories) a permis à un groupe de 10 femmes ménopausées, en bonne santé mais en léger surpoids, de perdre en moyenne 4,5 kg en cinq semaines. Leur IMC, leur tour de taille et de hanches ou encore leur taux de cholestérol ont également diminué. L'absence d'aliments à index glycémique élevé dans ce mode d'alimentation peut en partie expliquer cette perte de poids. De plus, en adoptant ce mode d'alimentation, les participantes à l'étude ont diminué d'elles-mêmes leurs apports caloriques quotidiens de 25 % ! En effet, ce mode d'alimentation riche en protéines et en fibres insolubles augmente la sensation de satiété. Un point important pour éviter de craquer quand on adopte un régime amincissant !

14. Quels sont les inconvénients de l'alimentation paléo ?

Le constat est clair : le mode d'alimentation paléo va à l'encontre d'un grand nombre de recommandations nutritionnelles largement acceptées aujourd'hui. Plus précisément, **il bannit la consommation de deux grandes catégories de produits à la base de notre alimentation moderne** : les produits laitiers et les céréales. Si tout le monde s'y mettait, ce serait la crise économique assurée !

De plus, notre mode d'alimentation moderne est tellement ancré en nous que le changer radicalement en très peu de temps peut être difficile, voire traumatisant pour l'organisme (surtout si vous êtes âgé et/ou si vous avez de sérieux problèmes de santé). D'où l'intérêt de **faire une transition en douceur**, en optant pour l'une des approches détaillées p. 31.

De plus, au quotidien, le régime paléo peut être **un peu difficile à mettre en pratique** car les viandes que l'on consomme aujourd'hui n'ont pas du tout la même teneur en matières grasses qu'à l'époque de nos lointains ancêtres. Pour s'en approcher, il faut consommer uniquement des produits de qualité, et donc plus chers (mais, rassurez-vous, vous ferez des économies ailleurs, voir p. 28).

Enfin, sachez que ce mode d'alimentation **peut paraître, de prime abord, un peu monotone**, et donc difficile à tenir, sur la durée. Mais avec les recettes que vous trouverez dans la suite de cet ouvrage, vous pourrez constater que l'on peut manger paléo sans s'ennuyer !

15. Au final, comment faire pour adopter le régime paléo ?

Toutes ces explications vous ont convaincu et vous êtes prêt à adopter le régime paléo dès aujourd'hui ? Sachez que ce mode d'alimentation fait de plus en plus d'adeptes, notamment aux États-Unis. Et que ceux-ci en discutent sur de nombreux blogs et forums, échangeant leurs astuces et leurs recettes. Mais plus qu'un régime à suivre à la lettre sans aucune dérogation, le paléo est un mode d'alimentation fait pour vous inspirer. La lecture de ce livre vous a sûrement permis de vous interpeller sur certaines choses. Sur le fait que l'homme, par exemple, n'est peut-être pas fait pour digérer le lait, que le sucre blanc n'est pas indispensable à son organisme ou encore que les produits transformés ne sont naturellement pas bons pour lui. C'est déjà un grand pas !

Vous avez également pu remarquer que les spécialistes ne sont pas tous d'accord sur la liste des aliments interdits ou autorisés dans le régime paléo. Chacun a sa propre vision de la question !

En pratique, plusieurs solutions s'offrent à vous :

- Vous pouvez décider de changer complètement d'alimentation, et de passer à un **régime 100 % paléo** strict (sans aucun produit laitier, par exemple). C'est la solution extrême, qui demande beaucoup d'organisation et de motivation, mais elle est tout à fait envisageable. Elle est à privilégier, notamment si vous souhaitez traiter un certain nombre de problèmes de santé.

- Vous pouvez aussi décider de garder une certaine marge de manœuvre, en passant au régime paléo tout en vous accordant **un, deux ou trois repas « classiques » par semaine**, où vous vous autorisez tous les aliments interdits. C'est d'ailleurs ce que préconisent de nombreux adeptes convaincus de ce mode d'alimentation. Cela permet de mieux tenir les restrictions sur la durée, sans mettre à mal votre nouvel équilibre alimentaire.
- Vous pouvez adopter le **régime paléo « souple »**, en continuant à consommer de temps en temps des produits laitiers de bonne qualité, voire quelques légumes riches en amidon (pomme de terre). Ou, dans une version encore plus souple, des légumineuses (lentilles, fèves) ou encore des céréales non raffinées (riz complet…).
- Enfin, vous pouvez aussi garder en tête **les grands principes de l'alimentation paléo** et essayer, au quotidien, de faire quelques changements dans vos menus, par exemple en privilégiant les viandes maigres, en remplaçant les pâtes par des légumes frais, en évitant les aliments transformés, sources de gras, de sucre et de sel, en ajoutant des graines ou des fruits oléagineux dans vos salades…

LES 8 COMMANDEMENTS D'UNE ALIMENTATION PALÉO

1. Mettre au centre de son alimentation les viandes, poissons et œufs, fruits et légumes, graines et noix.
2. Bannir les céréales.
3. Bannir (ou limiter) les produits laitiers.
4. Réduire sa consommation de glucides.
5. Oublier la notion de calories.
6. Bien choisir ses graisses.
7. Bannir les produits industriels et transformés.
8. Préférer les produits bio, frais, de qualité et de proximité.

Quelle que soit l'option que vous choisissez, sachez que les recettes fournies dans la deuxième partie de cet ouvrage ont été réalisées uniquement avec les aliments autorisés ou à consommer avec modération (et pas les aliments sujets à controverse comme les produits laitiers). Elles vont vous permettre de passer aux fourneaux rapidement, et simplement, tout en vous régalant.

PALÉO OU PAS ? LES BONS CHOIX ALIMENTAIRES

Avant de détailler la liste des aliments à privilégier dans une alimentation paléo, faisons un petit rappel des aliments interdits.

- **Les céréales et les légumineuses**, sous toutes leurs formes, ainsi que les produits dérivés (pain, pâtes, biscuits, bière…).
- **Le lait et les produits laitiers.** Cette catégorie de produits est un cas un peu à part car certains spécialistes de ce mode d'alimentation les autorisent, sous certaines conditions. Voilà pourquoi nous leur consacrons tout de même une partie dans les explications qui suivent.

- **Le sucre et ses substituts**, et tous les produits qui en contiennent (les jus de fruits avec du sucre ajouté, les sodas…).
- **Les aliments industriels ou transformés**, de manière générale.

LES VIANDES, LES POISSONS ET LES ŒUFS

Les viandes

La viande, source de protéines, est l'une des bases de l'alimentation paléo. Mais il faut bien reconnaître que celle que mangeaient nos ancêtres n'a plus grand-chose à voir avec celle que l'on nous propose aujourd'hui dans les magasins. Alors que les bêtes sauvages évoluaient au grand air et se nourrissaient principalement d'herbes, les animaux d'aujourd'hui sont parqués, nourris aux farines et aux céréales et abreuvés d'antibiotiques. Résultat : la viande est beaucoup moins saine, et ressemble plus à un produit transformé et industriel qu'à un aliment brut ou « originel », base de l'aliment paléo. Heureusement, il existe quelques astuces pour concilier alimentation paléo et consommation de viande « moderne ».

Nos conseils :

- **Privilégiez la qualité à la quantité.** Préférez les viandes issues d'animaux qui évoluent en plein air, sont nourris exclusivement à l'herbe et soignés avec des remèdes naturels. La solution : se tourner vers la viande bio (mais sachez que le label autorise l'alimentation des bêtes avec des céréales bio), ou alors vers la viande portant le Label Rouge suivi de la mention « élevé en liberté » ou « plein air ». Certes, cela a un coût mais si vous réduisez votre consommation de viande à trois fois par semaine, par exemple, vous devriez pouvoir vous en sortir sans dépenser plus. Et puis rappelons que la viande n'est pas la seule source de protéines alimentaires : les poissons et les œufs sont également de bonnes options.

- **Optez pour les viandes « brutes », non transformées.** Dans l'alimentation paléo, les saucisses, les pâtés ou autres charcuteries industrielles sont à bannir. Ce sont en effet des produits ultra-transformés riches en additifs divers et variés. Préférez la charcuterie artisanale, préparée sans conservateurs ni additifs.
- **Préférez la viande blanche à la viande rouge.** Au menu donc : poulet, dinde, veau, lapin... Limitez la consommation de viande rouge (pour rappel, elle doit toujours être bio). Vous pouvez aussi miser sur le gibier (sanglier, biche, lièvre...) et le canard, une viande riche en bonnes graisses.
- **Pensez aussi aux abats**, comme le foie, les rognons, les ris de veau... Nos ancêtres consommaient les animaux dans leur totalité, ils ne dédaignaient pas certains morceaux !
- **Évitez les cuissons trop fortes**, au grill ou au barbecue, qui entraînent la formation de composés cancérigènes.

LES POISSONS ET LES FRUITS DE MER

Poissons et fruits de mer sont d'excellentes sources de protéines et d'acides gras essentiels. Comme pour les viandes, la qualité doit primer sur la qualité.

Nos conseils :

- **Donnez la priorité aux poissons gras**, riches en oméga-3 : saumon, maquereau, hareng, sardine, anchois…
- **Préférez toujours les poissons sauvages aux poissons d'élevage, même bio.** C'est notamment vrai pour le saumon. En effet, tous les saumons d'élevage, qu'ils soient bio ou non, grandissent dans des bassins minuscules et sont nourris avec des farines, des huiles et des céréales. Alors que le saumon sauvage a toute liberté – de mouvement et de nourriture –, ce qui garantit un meilleur ratio oméga-6/oméga-3.
- **Évitez les poissons situés en haut de la pyramide alimentaire** (comme le requin, l'espadon, le thon…), particulièrement concentrés en métaux lourds (car ils mangent les poissons plus petits, qui en contiennent également). La meilleure solution est de varier les espèces consommées.
- **Pensez aussi aux autres poissons et aux fruits de mer,** qui sont également un excellent deuxième choix.
- Pour le côté pratique, **vous pouvez miser sur les conserves** : sardines, maquereaux, thon… Choisissez les préparations au naturel ou à l'huile d'olive (de

préférence aux autres huiles végétales). Pensez aussi au foie de morue en conserve, qui est une excellente source d'oméga-3 et de fer.

- **Consommez-les cuits** (à la vapeur de préférence) **ou même crus**, à condition qu'ils soient bien frais.

Les œufs

Les œufs sont un aliment de choix dans le régime paléo. Ils sont notamment riches en protéines complètes de très haute qualité. À tel point que la qualité protéinique de l'œuf sert de référence pour mesurer celle d'autres aliments. Ils apportent aussi des vitamines, notamment D, B2 et B12, des minéraux (phosphore, zinc…) ou encore des antioxydants. Sans oublier qu'ils sont une alternative idéale à la viande car les œufs sont moins chers que cette dernière, même quand on choisit des œufs de la meilleure qualité possible.

Nos conseils :

- **Privilégiez toujours les œufs bio**, de la meilleure qualité qui soit, riches en oméga-3. Ils doivent provenir de poules élevées en plein air, nourries avec des aliments bio.
- Vous pouvez également opter pour **les œufs qui bénéficient du label Bleu Blanc Cœur** garantissant que les poules sont nourries avec des fourrages et des graines riches en oméga-3. Ce qui permet d'obtenir un ratio oméga-6/oméga-3 très bas (au contraire des œufs industriels).
- Enfin, afin de varier les plaisirs, **pensez aux œufs d'oie ou encore de caille.**

- Les œufs entrent également **dans la préparation de très nombreuses recettes paléo** : crèmes, gâteaux, flans…

> **ŒUF ET CHOLESTÉROL**
>
> L'un des reproches couramment faits à l'œuf est sa richesse en cholestérol : un œuf contient en effet 190 mg de cholestérol (à titre d'information, les autorités de santé recommandent de ne pas consommer plus de 300 mg de cholestérol par jour pour prévenir le risque de maladies cardiovasculaires). Mais des études récentes montrent que la consommation de cholestérol alimentaire n'a en réalité aucune incidence sur le cholestérol sanguin et donc le risque de maladies cardiovasculaires. Résultat : la consommation d'un œuf par jour, même chez les personnes qui doivent surveiller leur taux de cholestérol, est acceptable. Il vaut mieux, pour contrôler ses lipides sanguins, diminuer sa consommation d'acides gras trans que de se priver d'œuf !

LES LÉGUMES ET LES FRUITS

LES LÉGUMES

Les légumes sont à la base de la pyramide alimentaire paléo : ils doivent représenter la plus grande partie de votre assiette. Bonne nouvelle : dans cette catégorie d'aliments, il n'y a pas de gros tri à faire puisque la plupart des légumes sont paléo. Le choix est vaste, et la grande majorité peut donc être consommée sans restriction.

Nos conseils :

- **Privilégiez les légumes locaux, bio et de saison**, dont la qualité nutritionnelle est meilleure. Si les légumes frais sont préférables, vous pouvez néanmoins utiliser, en dépannage, des légumes surgelés (en vérifiant qu'ils sont bien « nature »). Oubliez les légumes préparés, souvent bourrés d'additifs, ainsi que les légumes en conserve, riches en sel.

- **Mangez-les de préférence crus ou rapidement cuits à la vapeur**, afin de préserver leurs qualités nutritionnelles.
- **Certains tubercules, comme la pomme de terre, sont en général exclus** de l'alimentation paléo car leur index glycémique est élevé. Mais tous les spécialistes ne sont pas d'accord sur ce point. Certains préconisent de préférer la patate douce, dont l'index glycémique est moins élevé. De la même manière, tous les aliments riches en amidon, comme le manioc ou l'igname, seraient également à supprimer.
- **Pensez aussi aux algues,** des « légumes de mer ». Les plus faciles à trouver et à préparer sont le nori, le wakamé, la dulse…

LE CAS DES HARICOTS VERTS, DES PETITS POIS…

Sur le plan technique, les haricots verts et les petits pois ne sont pas des légumes mais des légumineuses. Donc *a priori*, ce ne sont pas des légumes paléo. Pourtant, la plupart des spécialistes du régime paléo s'accordent à dire qu'ils sont autorisés (à condition de bien les digérer) car leur composition nutritionnelle est proche de celle des légumes. De plus, le haricot vert a la particularité d'être cueilli avant que ses graines ne soient mûres : ce que l'on consomme surtout, c'est son enveloppe, plus proche de celle d'un légume vert classique.

LE QUINOA, PALÉO OU PAS ?

Contrairement aux idées reçues, le quinoa n'est pas une céréale : c'est une plante de la même famille que l'épinard ou la betterave. Voilà pourquoi on la surnomme souvent « pseudo-céréale ». Alors peut-elle être autorisée dans le cadre d'une alimentation paléo ? Encore une fois, les spécialistes de l'alimentation paléo ont des points de vue différents. Certains affirment que oui, puisqu'il ne s'agit pas d'une céréale. D'autres avancent que non car le quinoa a les mêmes propriétés que les céréales. Il contiendrait en effet un certain nombre d'anti-nutriments, comme les phytates ou la saponine, qui ont pour effet d'irriter les intestins.

LES FRUITS

Au contraire des légumes, tous les fruits ne sont pas autorisés dans le régime paléo. En effet, certains sont particulièrement sucrés (notamment en raison d'une sélection drastique), et donc à consommer avec beaucoup de modération surtout si vous voulez perdre du poids. Rappelons que les fruits, à l'époque du paléolithique, étaient très sucrés car sauvages. Mais qu'ils n'étaient disponibles qu'à certaines périodes de l'année, d'où une consommation restreinte.

Nos conseils :

- Comme pour les légumes, misez sur **les fruits locaux, bio, frais et de saison.**
- **Privilégiez les fruits peu ou moyennement sucrés**, en particulier les fruits rouges (fraises, framboises, mûres, myrtilles…) qui sont, en plus, très riches en antioxydants. Attention aux cerises, riche en glucides

(plus de 14 g de glucides aux 100 g contre environ 4 pour la fraise et la framboise). Prudence avec les fruits exotiques, qui sont particulièrement sucrés.

- **Évitez les fruits secs (type abricot sec, raisin sec, pruneau…)**, particulièrement sucrés. Certains spécialistes de l'alimentation paléo les autorisent toutefois avec modération. Pensez aussi aux cranberries séchées (mais avec modération en raison de leur teneur en sucre) : elles sont particulièrement riches en antioxydants (plus que le fruit frais).
- Consommez de préférence **le fruit entier**, afin de profiter de toutes ses vitamines et fibres, souvent concentrées dans la peau.

L'AVOCAT, LE SUPER-FRUIT DE L'ALIMENTATION PALÉO

Contrairement à ce que l'on pense souvent, l'avocat n'est pas un légume mais un fruit. Sa particularité : sa richesse en graisses (environ 20 %), ce qui explique sa teneur calorique élevée (160 kcal environ pour un demi-avocat). Mais il s'agit de bonnes graisses, et plus précisément d'acide oléique, que l'on retrouve également dans l'huile d'olive. Non seulement ces graisses ne font pas grossir, mais en plus elles peuvent aider à réguler le taux de sucre sanguin et à mieux assimiler les autres graisses apportées par l'alimentation. L'avocat est par ailleurs une excellente source d'antioxydants, de vitamine E, de vitamine B6 et de minéraux (potassium, calcium, magnésium…). À consommer sans modération dans le cadre d'une alimentation paléo !

LES NOIX, LES GRAINES ET LES FRUITS OLÉAGINEUX

Cette catégorie d'aliments tient une place très importante dans l'alimentation paléo. Riches en fibres et en bonnes graisses, ils permettent aussi de combler les apports dans différents minéraux. On y trouve plus précisément :

- les « noix » au sens large : noix de Grenoble, noix du Brésil, noix de macadamia, noix de cajou, noix de pécan, amandes, noisettes, pistaches…
- les graines oléagineuses : sésame, tournesol, lin, courge, pignons de pin…
- les fruits oléagineux : avocat (voir p. 43), noix de coco (voir p. 45) et olives.

Nos conseils :

- Même si les noix sont des aliments sont très bénéfiques pour la santé, **il n'est pas question d'en abuser.** En effet, elles sont très caloriques, et on peut très vite en consommer de grosses quantités si on n'y prend pas garde. De plus, la grande majorité des noix contiennent beaucoup trop d'oméga-6 par rapport aux oméga-3, ce qui crée un déséquilibre. Seule la noix de macadamia s'en sort bien sur ce point : particulièrement riche en oméga-3 (mais aussi en minéraux), elle a pour cela été surnommée la « reine des noix ».
- Comme le blé et les légumineuses, **les noix contiennent des phytates.** Ces composés ont pour effet de bloquer l'assimilation des nutriments par l'organisme. Pour éviter ce problème, il est conseillé de faire tremper les

noix pendant plusieurs heures dans un grand bol avant consommation.

- **Bannissez les noix et les graines en version grillée et salée.** Préférez-les toujours nature.
- Sachez que **la cacahuète n'est pas une graine ou une noix, mais une légumineuse** : à bannir donc !
- Pensez aux **nombreux produits dérivés de ces aliments :** poudre, purée et lait (d'amandes, de noisettes… Voir aussi p. 49) Sans oublier les nombreux produits dérivés de la noix de coco (voir encadré ci-après).

LA NOIX DE COCO, STAR DU RÉGIME PALÉO

Riche en acides gras saturés et en fibres, peu sucrée, la noix de coco est un aliment de choix pour les adeptes du régime paléo. On peut la consommer sous de très nombreuses formes, toutes autorisées !

- fraîche, dans les salades de fruits par exemple ;
- séchée, sous forme de flocons ;
- dégraissée et séchée, sous forme de farine (voir aussi p. 49) ;
- sous forme d'eau de coco (contenue à l'intérieur de la noix) ;
- sous forme de lait ou de crème de coco (issus tous deux du broyage de la chair). Ces deux produits peuvent remplacer le lait de vache ou la crème dans de nombreuses recettes. Attention toutefois à choisir des produits sans additifs… à moins que vous ne prépariez votre lait de coco vous-même ! Voir recette p. 173 ;
- sous forme d'huile de coco. Celle-ci a la particularité de changer de texture en fonction de la température ambiante : elle est solide quand il fait froid et liquide quand il fait chaud ;
- sous forme de sucre de coco, voir p. 51.

Les graisses

Dans le régime paléo, les graisses, et notamment les huiles, ne sont pas bannies. Au contraire, elles ont toute leur place (même si les hommes préhistoriques ne connaissaient pas encore l'huile d'olive !). Mais il est très important de bien les choisir. En effet, toutes les huiles ne se valent pas, cela dépend de leurs teneurs respectives en oméga-3 et en oméga-6. Pour faire simple, les oméga-3 sont les meilleurs, car ils aident notamment à prévenir les maladies cardiovasculaires. Les oméga-6, eux, sont également indispensables mais, quand ils sont consommés en excès, ont l'effet inverse. Chaque huile affiche des teneurs différentes de ces deux acides gras, ce qui explique pourquoi certaines sont préférables à d'autres en termes de bienfaits nutritionnels. Aujourd'hui, la plupart des huiles industrielles sont très riches en oméga-6 et beaucoup moins en oméga-3 (même si les fabricants clament souvent le contraire). Résultat : le ratio oméga-6/oméga-3 est complètement déséquilibré. Heureusement, il en existe encore quelques-unes que l'on peut consommer l'esprit tranquille.

Nos conseils :

- La plupart des huiles végétales issues de céréales ou de graines (tournesol, maïs, soja…) sont à bannir. Les margarines végétales sont également interdites. Seules sont autorisées **les huiles végétales les plus riches en oméga-3**, et celles qui disposent d'un bon ratio oméga-6/oméga-3. Il en reste au final très peu. Voir encadré ci-après.
- Préférez toujours **les huiles extra-vierges de première pression à froid, et si possible bio**.

QUELLE HUILE VÉGÉTALE CHOISIR ?

Toutes les huiles ne se valent pas, aussi bien sur le plan nutritionnel que sur le plan pratique. Voici la sélection des huiles à privilégier dans l'alimentation paléo.

- **L'huile d'olive** est l'huile paléo par excellence en raison de ses bienfaits. Elle est aussi pratique à utiliser car elle se conserve bien et supporte bien les hautes températures. Utilisez-la de manière systématique pour la cuisson.
- **L'huile d'avocat** a les mêmes bienfaits que le fruit dont elle est tirée (voir p. 43). Son inconvénient : elle est chère.
- **L'huile de lin** est également un excellent choix sur le plan nutritionnel, mais elle est très délicate à manier. Elle est en effet très fragile et rancit vite. Il est donc indispensable de la conserver au réfrigérateur. Elle doit être consommée rapidement. Si elle dégage une odeur de rance, jetez-la car elle peut se révéler toxique. En pratique, utilisez-la uniquement à froid.
- **L'huile de coco** est l'un des nombreux dérivés de la noix de coco, fruit très présent dans l'alimentation paléo. Principalement composée d'acides gras saturés, elle a longtemps été pointée du doigt en raison de ses effets supposés néfastes sur la santé cardiovasculaire. Mais des études récentes ont montré que ses acides gras, et en particulier l'acide laurique, ont un effet protecteur contre ces mêmes maladies…
- **L'huile de macadamia** contient très peu d'oméga-6 et supporte bien la cuisson. Elle apporte aussi un goût original et délicieux à vos recettes, qui peut faire penser à celui du beurre. Mais elle reste assez chère.
- **L'huile de noix** : riche en vitamine E et en oméga-3, elle est aussi très parfumée. Mais attention, elle est très fragile. Utilisez-la uniquement à froid, et conservez-la au réfrigérateur une fois la bouteille entamée.

À noter : pour combler vos apports en acides gras et varier les plaisirs, alternez les huiles.

- **Les graisses animales** comme la graisse de canard ou le saindoux sont autorisées.
- Sachez aussi que **le beurre est autorisé dans le cadre du régime paléo. À condition qu'il soit clarifié**, c'est-à-dire débarrassé de ses composantes laitières (lactose et caséine, qui sont précisément les deux composants toxiques des produits laitiers selon les défenseurs de l'alimentation paléo). Le beurre clarifié est donc une matière grasse pure et, à ce titre, il peut être utilisé sans problème. À savoir : le beurre clarifié peut être cuit sans danger. Contrairement au beurre classique, il ne brûle pas et donc ne noircit pas.

BEURRE CLARIFIÉ, MODE D'EMPLOI

- Faites fondre le beurre coupé en dés dans une petite casserole, à feu très doux, sans remuer.
- Écumez la mousse qui se forme en surface, à l'aide d'une cuillère à soupe : c'est la caséine, la protéine du lait.
- Versez ensuite tout doucement le beurre liquide dans un bol, en laissant la partie claire au fond de la casserole (le petit-lait).
- Conservez dans un récipient fermé, au réfrigérateur.

L'astuce en + : n'hésitez pas à faire clarifier au moins 100 g de beurre à la fois, car le beurre clarifié se conserve bien.

Les « farines »

Les farines issues des céréales ou de légumineuses sont bien sûr interdites dans l'alimentation paléo : farine de blé, farine de riz, farine de millet, farine de lentilles, farine de maïs… Mais rassurez-vous : il existe des alternatives.

Nos conseils :

- **Optez pour les farines issues de fruits oléagineux,** comme la poudre d'amandes, la poudre de noisettes… Même s'ils ne portent pas le nom de farines, ces produits peuvent s'utiliser comme tels dans la préparation de vos gâteaux paléo. Sachez que la farine de châtaignes, pourtant issue d'une graine, est autorisée. Mais attention, elle est particulièrement riche en glucides : près de 65 g aux 100 g.
- **Découvrez aussi toutes les vertus de la farine de noix de coco** (voir encadré ci-après).
- **La fécule de pomme de terre et de manioc, ainsi que le tapioca,** sont validés par certains spécialistes de l'alimentation paléo, et pas par d'autres (tout comme la pomme de terre et le manioc, voir p. 15). Dans tous les cas, la fécule de maïs, issue d'une céréale, ne l'est pas.

UNE BONNE ALTERNATIVE À LA FARINE DE BLÉ : LA FARINE DE COCO

La farine de noix de coco est issue de la chair de la noix séchée, puis dégraissée et broyée. Elle est particulièrement prisée par les adeptes du régime sans gluten. Naturellement sans gluten, elle permet aussi, grâce à sa richesse en fibres (45 à 60 %, soit plus que le son de blé ou les graines de lin !) de faire baisser l'index glycémique des gâteaux sans gluten traditionnellement préparés avec de la farine de riz (dont l'IG est particulièrement élevé). C'est aussi une excellente source de protéines (20 % environ) et de minéraux (sélénium, manganèse, fer). Sur le plan pratique, sachez que cette farine est très absorbante, et donc qu'elle gonfle beaucoup.

Les herbes, les épices et les condiments

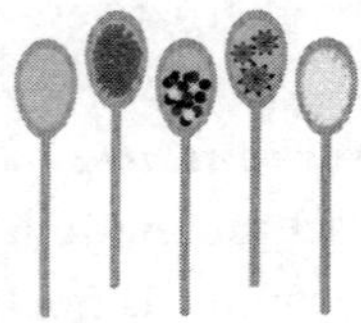

Toutes les herbes et les épices peuvent être consommées sans problème dans le cadre de l'alimentation paléo. Elles permettent de relever le goût des plats, mais aussi de remplacer avantageusement le sel. Sans oublier leur incroyable richesse en minéraux et antioxydants bénéfiques pour la santé.

Nos conseils :

- **Variez les plaisirs**, car le choix des épices et des herbes est infini !
- Optez toujours, si vous le pouvez, pour **des herbes et des épices bio**, afin de limiter au maximum les pesticides.
- **Prudence avec la moutarde** ! Certaines contiennent des ajouts impressionnants de sucre et d'huile de tournesol ou de colza. La meilleure option : une moutarde « à l'ancienne » de qualité.
- **N'hésitez pas à faire pousser vous-même vos herbes** : basilic, persil, coriandre, menthe… Quelques petits pots dans la cuisine suffisent, pas besoin d'un balcon ou d'un potager.
- Pour le sel, **préférez le sel marin non raffiné ou la fleur de sel**, qui sont beaucoup plus « naturels », et donc riches en minéraux, que le sel blanc traditionnel.

Les sucres

Le sucre, qu'il soit blanc ou roux, n'est pas du tout un aliment paléo. Fruit de très nombreuses transformations, il affiche un indice glycémique très élevé. Il est aussi à l'origine de nombreuses maladies modernes : diabète, obésité, maladies auto-immunes… Autant de bonnes raisons pour le bannir de son alimentation. Mais sachez qu'aucun autre sucre concentré, même naturel, n'est en soi véritablement paléo. Mais rassurez-vous : manger paléo ne veut pas dire se priver totalement de sucre. La priorité doit être donnée aux sucres issus des fruits et des légumes. Une purée de pommes ou quelques carottes râpées peuvent ainsi parfaitement remplacer le sucre dans un gâteau ou des pancakes. De plus, d'autres sucres peuvent être considérés comme paléo (même si tous les spécialistes ne sont pas d'accord). C'est le cas notamment :

- **du miel** : ce produit 100 % naturel est riche en antioxydants, acides aminés et en divers minéraux. Il est considéré comme un aliment à part entière dans le régime paléo. Il a par ailleurs des propriétés antibactériennes bien connues. Optez de préférence pour un miel bio, et pour les miels les plus foncés (qui sont les plus riches en antioxydants) ;
- **du sucre de fleur de coco :** issu de la sève de la fleur de coco, il est par ailleurs riche en antioxydants et en minéraux ;
- **du sirop d'érable :** il est préparé à partir de la sève brute de l'arbre, mais son IG est élevé. À consommer donc avec modération ;
- **de la stévia :** cet édulcorant dérivé des feuilles d'une plante du même nom a la particularité d'afficher un IG nul. Le problème est que la stévia est souvent vendue

sous forme raffinée. La stévia brute est non seulement assez difficile à trouver, mais elle a également un goût très prononcé qui peut ne pas plaire à tout le monde. Voilà pourquoi elle n'est pas forcément très utilisée par les adeptes de l'alimentation paléo.

	INDEX GLYCÉMIQUE
Sucre (sous toutes ses formes)	70
Sirop d'érable	65
Miel	60
Sucre de fleur de coco	24,5
Stévia	0

Nos conseils :

- Dans l'alimentation paléo, n'oubliez pas que le sucre, et les produits sucrés quels qu'ils soient, doivent être consommés **avec modération**. OK pour le miel, à condition bien sûr de rester raisonnable.
- Notez que **le sirop d'agave**, extrait d'un petit cactus, n'est pas considéré comme un aliment paléo (même s'il a un IG bas de 15) car il nécessite une longue transformation.

LE CAS DU CHOCOLAT

Le chocolat n'est pas à proprement parler un aliment paléo (les hommes préhistoriques ne le connaissaient pas !) mais il est tout de même autorisé dans le cadre d'une alimentation paléo. À condition de choisir du chocolat à 70 % de cacao minimum ou du cacao pur (en poudre), et de ne pas en abuser.

Les produits laitiers

On l'a vu p. 19 : cette catégorie d'aliments est celle qui suscite le plus de controverses au sein même des adeptes de l'alimentation paléo. Pour certains, le lait et les produits laitiers doivent tous être bannis car l'homme n'est pas fait pour les digérer. Pour d'autres, il est possible d'en consommer, à condition de faire le tri. Si vous digérez bien les produits laitiers et que vous ne pouvez pas vous en passer dans votre vie de tous les jours, suivez nos conseils pour bien les choisir.

Nos conseils :

- **Privilégiez toujours le lait cru** au lait pasteurisé ou UHT. Il contient en effet de la lactase, ce qui aide à le digérer.
- Achetez **du lait issu de vaches nourries à l'herbe uniquement**. Ce lait serait également mieux toléré par les personnes qui ne supportent pas le lait pasteurisé.
- D'autres **produits laitiers** sont également autorisés : le beurre fermier ou le beurre clarifié (c'est-à-dire débarrassé de ses composantes laitières, voir p. 48), les laits fermentés (yaourts, fromages…). À condition bien sûr que ces produits aient été fabriqués avec du lait issu de vaches ayant mangé de l'herbe, et qui n'ont pas été soignées aux antibiotiques. Ce qui reste difficile à vérifier, et semble incompatible avec les produits laitiers classiques de grandes surfaces ! Il ne vous reste plus qu'à préparer vous-même votre lait fermenté avec du lait cru…

Les boissons

L'eau est la boisson à privilégier dans le cadre de l'alimentation paléo. Pour le reste, il vous faut faire un peu de tri…

Nos conseils :

- **Le thé, en particulier le thé vert**, ainsi que les infusions, sont un excellent choix. À noter : comme le café, le thé est riche en caféine (déconseillée dans le régime paléo, voir ci-dessous), mais sa richesse en antioxydants permet de contrebalancer ses effets néfastes.
- **Le café est sujet à controverses.** Pour certains spécialistes (notamment le Dr Cordain), il est à bannir en raison de sa richesse en caféine qui perturbe le sommeil et stimule le système nerveux. C'est pour cela que certains paléo-addicts optent pour le café décaféiné. Pour d'autres, au contraire, il est autorisé car il s'agit d'une graine. Dans ce cas, il est conseillé d'opter pour du café bio et non décaféiné, pour éviter les produits chimiques. Consommez-le avec modération (cinq à six expressos par jour maximum), et surtout, évitez d'y ajouter du sucre et du lait !
- Le vin, et plus particulièrement **le vin rouge**, est également autorisé, en raison de sa richesse en antioxydants.
- **Les alcools type whisky, scotch ou cognac** peuvent également être consommés car ils contiennent des antioxydants. Mais avec modération, bien sûr !
- **Les bières** sont également à consommer avec modération, car elles sont riches en glucides. De plus, elles

contiennent du gluten (sauf si vous optez pour des versions « sans gluten »).

- **Évitez en revanche les boissons bourrées de sucre** comme les cocktails alcoolisés, les jus de fruits avec sucre ajouté, les nectars… Sans oublier, bien sûr, les sodas !

BONUS

Téléchargez la journée type paléo, 10 idées de menus paléo et de nombreuses variantes pour vos petits déjeuners.

MES PETITES RECETTES MAGIQUES PALÉO

Les apéros paléo

TARTINADE D'ARTICHAUT AU SÉSAME

Riche en fibres, probiotique

POUR 4 PERSONNES
PRÉPARATION : 10 MINUTES
CUISSON : 15 MINUTES

INGRÉDIENTS : 4 gros fonds d'artichauts surgelés ; 2 c. à s. de purée de sésame ; ½ citron ; 1 gousse d'ail ; sel marin non raffiné.

- Faites cuire les fonds d'artichauts 15 minutes à la vapeur.
- Pelez et hachez grossièrement l'ail. Pressez le citron.
- Mixez les fonds d'artichauts avec la purée de sésame, l'ail et le jus de citron. Salez légèrement. Si nécessaire, ajoutez un peu d'eau pour obtenir la consistance souhaitée. Servez bien frais.

LES ASTUCES EN +

- Vous pouvez servir cette tartinade avec des radis ou des bâtonnets de concombre, par exemple.
- Vous pouvez bien sûr utiliser des cœurs d'artichaut frais !

ROULÉS DE BRESAOLA À LA ROQUETTE

Coupe-faim, anticancer

POUR 4 PERSONNES
PRÉPARATION : 15 MINUTES

INGRÉDIENTS : 12 tranches de bresaola ; 1 grosse poignée de roquette ; 2 c. à s. de pignons de pin ; ½ citron ; 1 c. à s. d'huile d'olive ; poivre du moulin.

- Pressez le citron. Lavez et essorez la roquette. Mélangez le jus avec l'huile d'olive et poivrez. Versez sur la roquette et remuez.
- Répartissez la salade de roquette assaisonnée sur les tranches de bresaola, parsemez de pignons de pin et roulez. Maintenez les roulés avec des piques en bois. Servez frais.

L'ASTUCE EN +

La bresaola est une viande de bœuf séchée dont la recette est d'origine italienne. Vous pouvez la remplccer par de la viande des Grisons : c'est aussi de la viande de bœuf séchée, mais d'origine suisse.

GRAINES DE COURGE GRILLÉES AUX ÉPICES

Reminéralisant, antifatigue

POUR 4 PERSONNES
PRÉPARATION : 15 MINUTES
CUISSON : 30 MINUTES

INGRÉDIENTS : 200 g de graines de courge (butternut, potimarron, courge spaghetti…) ; 1 c. à s. d'huile d'olive ; 2 c. à s. de paprika.

- Nettoyez les graines afin d'éliminer toute trace de chair de courge. Rincez-les ensuite à l'eau en les frottant bien afin d'éliminer toutes les parties visqueuses. Séchez-les soigneusement dans du papier absorbant.
- Préchauffez le four th. 6 (180°C).
- Saupoudrez les graines avec le paprika et versez l'huile d'olive. Mélangez. Déposez les graines en couche fine sur la plaque du four recouverte de papier sulfurisé. Enfournez 30 minutes environ. Laissez ensuite refroidir les graines dans le four entrouvert.
- Dégustez-les froides.

L'ASTUCE EN +

Vous pouvez parfumer vos graines avec d'autres épices de votre choix : curry, piment, curcuma…

GUACAMOLE

Bon pour la santé cardiovasculaire

POUR 4 PERSONNES
PRÉPARATION : 10 MINUTES

INGRÉDIENTS : 2 avocats bien mûrs ; 1 citron vert ; 1 petit oignon frais ; 1 gousse d'ail ; 1 pincée de piment d'Espelette ; sel marin non raffiné, poivre du moulin.

- Pelez et hachez finement l'oignon et l'ail. Pressez le citron.
- Ouvrez les avocats en deux, ôtez les noyaux et récupérez la chair. Écrasez-la à la fourchette. Ajoutez le jus de citron, l'oignon, l'ail et le piment d'Espelette et mélangez. Salez légèrement et poivrez. Servez bien frais.

L'ASTUCE EN +

Ce guacamole peut être servi à l'apéritif, avec des bâtonnets de concombre, des feuilles d'endives crues, des lamelles de fenouil… mais aussi comme sauce d'accompagnement pour un filet de poisson blanc.

DIP DE CHOU-FLEUR

Riche en antioxydants, anticancer, bon pour la digestion, anti-inflammatoire

POUR 4 PERSONNES
PRÉPARATION : 10 MINUTES
CUISSON : 10 MINUTES

INGRÉDIENTS : 1 petit chou-fleur ; 2 c. à s. de purée d'amandes ; ½ citron ; 2 c. à s. d'huile d'olive ; 2 gousses d'ail ; 1 c. à c. de paprika ; 1 grosse pincée de piment d'Espelette ; sel marin non raffiné ; 1 c. à s. de vinaigre blanc.

- Détachez les bouquets de chou-fleur et rincez-les à l'eau légèrement vinaigrée. Faites les cuire 10 minutes à la vapeur.
- Pressez le citron. Pelez et hachez grossièrement les gousses d'ail.
- Mixez le chou-fleur cuit avec la purée d'amandes, le jus de citron, l'huile d'olive et l'ail. Salez légèrement. Ajoutez le piment et le paprika, mélangez et servez frais.

L'ASTUCE EN +

Servez ce dip saupoudré de paprika et accompagné de quelques olives et de bâtonnets de crudités : concombre, fenouil…

RADIS AU BEURRE DE CAJOU

Bon pour la santé cardiovasculaire, riche en antioxydants et en magnésium

POUR 4 PERSONNES
PRÉPARATION : 20 MINUTES
ATTENTE : 3 HEURES
CUISSON : 2 HEURES

INGRÉDIENTS : 1 botte de radis ; 200 g de noix de cajou crues non salées ; 2 c. à s. d'huile d'olive.

- Faites tremper les noix de cajou dans de l'eau froide pendant 3 heures. Rincez-les puis faites-les sécher au four à 90 °C pendant 2 heures.
- Mixez les noix de cajou avec l'huile dans votre robot jusqu'à ce qu'elles se transforment en pâte. Stoppez régulièrement le robot pour éviter la surchauffe et pour racler les bords du bol à l'aide d'une spatule en silicone.
- Une fois que la texture est bien lisse (l'opération peut prendre 15 à 20 minutes), versez la préparation dans un récipient.
- Lavez et équeutez les radis. Servez-les avec ce beurre de cajou.

L'ASTUCE EN +

Vous trouverez les noix de cajou crues (c'est-à-dire non rôties) et non salées dans les magasins bio. À défaut, optez pour des noix de cajou rôties à sec, si possible non salées. Dans ce cas, inutile de les faire tremper (le trempage permet d'éliminer l'acide phytique qui empêche la bonne assimilation des minéraux et des vitamines).

TOASTS DE FOIE DE MORUE

Bon pour la santé cardiovasculaire

POUR 4 PERSONNES
PRÉPARATION : 15 MINUTES

INGRÉDIENTS : 2 endives ; 120 g de foie de morue ; ½ bouquet de persil plat ; 1 échalote ; ½ citron ; poivre du moulin.

- Détachez les feuilles des endives, rincez-les et séchez-les.
- Rincez, séchez et ciselez le persil. Pelez et hachez finement l'échalote. Pressez le citron.
- Égouttez le foie de morue et mélangez-le avec le persil, l'échalote et le jus de citron. Poivrez.
- Déposez un peu de la préparation au bout de chaque feuille d'endive et disposez-les joliment sur plat de service. Servez frais.

LES ASTUCES EN +

- Très riche en acides gras oméga-3, le foie de morue est également très riche en vitamine A et en vitamine D. Un excellent aliment à mettre au menu plus souvent !
- Si votre conserve de foie de morue contient de l'huile, vérifiez sa composition sur l'étiquette. Dans la plupart des cas, il s'agit d'huile exudée (c'est-à-dire qu'elle provient du produit lui-même) et non d'huile ajoutée. Consommez-la également, car elle est riche en bienfaits.

MINI-BROCHETTES DE MAGRET SÉCHÉ AUX FRAMBOISES

Bon pour la santé cardiovasculaire, reminéralisante, riche en vitamine C

POUR 20 MINI-BROCHETTES
PRÉPARATION : 10 MINUTES

INGRÉDIENTS : 20 tranches de magret de canard séché ; 20 belles framboises ; poivre du moulin.

- Nettoyez les framboises. Versez-les dans un saladier, poivrez légèrement et mélangez délicatement.
- Enroulez chaque framboise dans une tranche de magret de canard. Maintenez en place à l'aide d'une pique. Servez bien frais.

L'ASTUCE EN +

Vous pouvez remplacer les tranches de magret de canard séché par de la viande des Grisons.

TARTINADE DE SARDINES

Bon pour la santé cardiovasculaire

POUR 4 PERSONNES
PRÉPARATION : 10 MINUTES

INGRÉDIENTS : 2 boîtes de sardines à l'huile d'olive ; 4 c. à s. de crème de coco ; 1 citron ; 2 gousses d'ail ; 1 pincée de piment d'Espelette ; ½ bouquet de ciboulette fraîche ; poivre du moulin.

- Pressez le citron. Pelez et hachez très finement l'ail. Rincez, séchez et ciselez la ciboulette.
- Égouttez les sardines (conservez l'huile) et écrasez-les à la fourchette après avoir enlevé les arêtes centrales.
- Ajoutez l'ail, le piment, la crème de coco et un peu d'huile (ajustez la quantité d'huile en fonction de la consistance désirée). Poivrez. Parsemez de ciboulette et réservez au frais jusqu'au moment de servir.

L'ASTUCE EN +

Servez cette tartinade sur des feuilles d'endives crues.

CHIPS DE PATATE DOUCE

Riche en antioxydants, anticancer

POUR 4 À 6 PERSONNES
PRÉPARATION : 15 MINUTES
CUISSON : 20 MINUTES

INGRÉDIENTS : 2 patates douces ; 2 c. à s. d'huile de coco ; quelques brins de romarin ; sel marin non raffiné.

- Préchauffez le four sur th. 7 (210 °C).
- Épluchez les patates douces et coupez-les en très fines tranches à l'aide d'une mandoline. Déposez-les dans un saladier.
- Faites fondre l'huile de coco, ajoutez le romarin et salez. Versez cette préparation sur les lamelles de patate douce et mélangez de manière à bien les enrober.
- Déposez les lamelles sur la plaque du four recouverte de papier sulfurisé, en une seule couche. Enfournez et laissez cuire 20 minutes. À mi-cuisson, retournez les chips. Surveillez attentivement en fin de cuisson pour éviter qu'elles dorent trop.

L'ASTUCE EN +

Pour relever le goût de vos chips, vous pouvez ajouter à la marinade une pincée de piment d'Espelette.

CRACKERS AU ROMARIN

Bon pour la digestion

POUR UNE VINGTAINE DE CRACKERS
PRÉPARATION : 15 MINUTES
CUISSON : 15 MINUTES

INGRÉDIENTS : 220 g de poudre d'amandes ; 1 gros œuf ; 2 c. à s. de romarin haché ; sel marin non raffiné, poivre du moulin.

- Préchauffez le four sur th. 6 (180 °C).
- Mélangez la poudre d'amandes avec l'œuf, le romarin, un peu de sel et de poivre, jusqu'à former une pâte.
- Étalez cette pâte à l'aide d'un rouleau à pâtisserie sur une épaisseur de 2 mm environ. Découpez dans cette pâte des losanges de 3 à 4 cm de côté.
- Déposez-les sur la plaque du four recouverte de papier sulfurisé. Enfournez et laissez cuire 12 à 15 minutes environ. Servez froid.

LES ASTUCES EN +

- Pour étaler plus facilement la pâte, placez-la entre deux feuilles de papier sulfurisé avant de passer le rouleau.
- Vous pouvez remplacer le romarin par une autre herbe de votre choix : basilic, persil, estragon…

CRACKERS AUX GRAINES DE SÉSAME

Antioxydant, bon pour le transit

POUR UNE TRENTAINE DE CRACKERS
PRÉPARATION : 15 MINUTES
CUISSON : 15 MINUTES

INGRÉDIENTS : 160 g de poudre d'amandes ; 110 g de graines de sésame ; 2 œufs : 2 c. à s. d'huile d'olive ; sel marin non raffiné.

- Préchauffez le four sur th. 6 (180 °C).
- Dans un grand bol, mélangez la poudre d'amandes avec les graines de sésame, les œufs légèrement battus, l'huile d'olive et le sel.
- Séparez la pâte en deux (pour pouvoir l'étaler plus facilement), et étalez-la à l'aide d'un rouleau à pâtisserie, sur une épaisseur de 2 mm environ. Découpez vos crackers à la forme désirée, avec un couteau ou en vous aidant d'un emporte-pièce.
- Déposez-les sur la plaque du four recouverte de papier sulfurisé. Enfournez et laissez cuire 12-15 minutes. Servez froid.

L'ASTUCE EN +

Vous pouvez parfumer vos crackers avec un peu de piment ou de curry.

Les entrées paléo

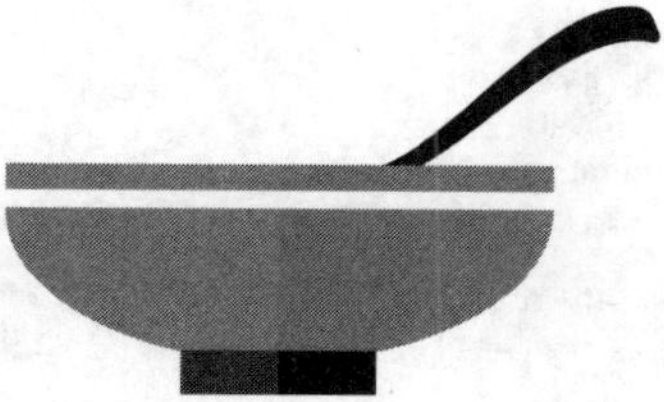

ŒUFS FAÇON MIMOSA

Coupe-faim, riche en protéines, bon pour la santé cardiovasculaire

POUR 4 PERSONNES
PRÉPARATION : 15 MINUTES
CUISSON : 10 MINUTES

INGRÉDIENTS : 6 œufs ; 1 avocat bien mûr ; ½ citron vert ; 1 gousse d'ail ; 12 feuilles de persil plat ; sel marin non raffiné, poivre du moulin.

- Faites cuire les œufs 10 minutes puis rafraichissez-les sous l'eau froide. Écalez-les et coupez-les en deux dans le sens de la longueur. Ôtez les jaunes à l'aide d'une petite cuillère.
- Pelez et hachez finement l'ail. Pressez le citron. Rincez et séchez les feuilles de persil.
- Ouvrez l'avocat en deux, ôtez le noyau et récupérez sa chair. Écrasez-la à la fourchette avec 4 des 6 jaunes d'œufs cuits, le jus de citron et l'ail. Salez et poivrez. Mélangez jusqu'à obtenir une consistance bien crémeuse.
- Farcissez les blancs d'œufs cuits avec cette préparation. Servez bien frais, décoré de quelques feuilles de persil.

LES ASTUCES EN +

- Conservez les deux jaunes d'œufs cuits restants que vous pourrez parsemer sur une salade ou consommer en en-cas dans la journée.
- Vous pouvez remplacer le persil plat par de la coriandre fraîche.

VELOUTÉ CONCOMBRE-AVOCAT

Léger

POUR 4 PERSONNES
PRÉPARATION : 10 MINUTES
ATTENTE : 30 MINUTES

INGRÉDIENTS : 1 concombre ; 1 avocat bien mûr ; 100 ml de lait de coco ; quelques feuilles de menthe fraîche ; 1 pincée de piment d'Espelette ; sel marin non raffiné, poivre du moulin.

- Pelez le concombre et découpez-le en gros dés. Ouvrez l'avocat en deux, ôtez son noyau et récupérez sa chair. Rincez, séchez et ciselez la menthe.
- Mixez la chair de l'avocat avec les dés de concombre et le lait de coco. Ajoutez le piment, salez et poivrez.
- Versez le velouté dans quatre verrines de service et mettez au frais au moins 30 minutes. Au moment de servir, parsemez de menthe.

L'ASTUCE EN +

Vous pouvez agrémenter ce velouté de quelques petites crevettes fraîches décortiquées.

CARPACCIO TOMATES-KIWI

Vitaminé, riche en antioxydants

POUR 4 PERSONNES
PRÉPARATION : 10 MINUTES

INGRÉDIENTS : 4 tomates allongées ; 4 kiwis ; 2 c. à s. d'huile d'olive ; ½ citron ; quelques branches de coriandre fraîche ; sel marin non raffiné, poivre du moulin.

- Rincez les tomates et coupez-les en rondelles. Épluchez les kiwis et coupez-les en rondelles. Pressez le citron. Rincez, séchez et ciselez la coriandre.
- Disposez les rondelles de tomates et de kiwis en les alternant dans quatre assiettes de service. Réservez au frais.
- Dans un bol, mélangez l'huile d'olive et le jus de citron. Salez légèrement et poivrez. Au moment de servir, arrosez votre carpaccio de cette vinaigrette. Parsemez de feuilles de coriandre.

LES ASTUCES EN +

- Pour une jolie présentation, optez pour des tomates allongées du même diamètre que vos kiwis. Ainsi, toutes les rondelles auront à peu près la même taille.
- Vous pouvez parsemer sur les assiettes de carpaccio quelques pignons de pin préalablement grillés à sec quelques minutes dans une poêle antiadhésive.

SALADE DE BROCOLI AUX NOISETTES

Anticancer, bon pour la santé cardiovasculaire

POUR 4 PERSONNES
PRÉPARATION : 15 MINUTES
CUISSON : 5 MINUTES

INGRÉDIENTS : 1 brocoli ; 1 poivron rouge ; 40 g de noisettes ; 4 c. à s. de lait de coco ; ½ citron vert ; 1 pincée de curry ; sel marin non raffiné, poivre du moulin.

- Rincez le brocoli et détaillez-le en bouquets. Faites-les cuire 5 minutes à la vapeur (ils doivent rester croquants).
- Rincez et épépinez le poivron rouge. Détaillez-le en fines lamelles. Concassez grossièrement les noisettes. Pressez le citron.
- Dans un bol, mélangez le lait de coco avec le jus de citron et le curry. Salez et poivrez.
- Versez le brocoli et le poivron rouge dans un saladier. Arrosez avec la sauce au lait de coco. Mélangez la salade, parsemez-la de noisettes et servez sans attendre.

L'ASTUCE EN +

Si vous aimez la cuisine bien relevée, vous pouvez remplacer le curry par une pincée de piment.

TARTARE DE THON À LA MANGUE

Bon pour la santé cardiovasculaire, riche en antioxydants

POUR 4 PERSONNES
PRÉPARATION : 15 MINUTES
ATTENTE : 1 HEURE

INGRÉDIENTS : 400 g de pavé de thon frais ; 1 mangue bien mûre ; 2 c. à s. d'huile d'olive ; 2 citrons verts ; 1 pincée de piment ; quelques branches de coriandre fraîche ; sel marin non raffiné.

- Pressez les citrons. Rincez, séchez et ciselez la coriandre.
- Découpez le thon en petits cubes de 0,5 cm de côté environ. Épluchez la mangue et coupez-la en dés de même taille.
- Dans un saladier, mélangez les dés de thon et de mangue. Ajoutez l'huile d'olive, le jus de citron et le piment. Salez légèrement et réservez au frais pendant 1 heure au moins.
- Servez ce tartare dans des petits ramequins individuels décorés de quelques feuilles de coriandre fraîche.

L'ASTUCE EN +

Vous pouvez préparer la même recette avec du saumon frais.

CRUMBLE DE COURGETTES ET AUBERGINES

Riche en antioyxdants, bon pour le transit

POUR 4 PERSONNES
PRÉPARATION : 15 MINUTES
CUISSON : 45 MINUTES

INGRÉDIENTS : 2 petites courgettes ; 1 petite aubergine ; 80 g de poudre d'amandes ; 3 c. à s. d'huile d'olive ; 1 oignon ; 1 gousse d'ail ; 1 c. à s. d'herbes de Provence ; sel marin non raffiné, poivre du moulin.

- Préchauffez le four sur th. 6 (180 °C).
- Lavez les courgettes et coupez-les en petits dés. Lavez l'aubergine et détaillez-la également en petits dés. Pelez et émincez l'oignon. Pelez et hachez finement l'ail.
- Faites chauffer 1 c. à s. d'huile d'olive dans une poêle. Ajoutez l'oignon et l'ail et laissez-les fondre 5 minutes à feu doux. Versez ensuite les dés de courgettes et d'aubergine. Ajoutez les herbes de Provence et laissez cuire 10 minutes à feu doux.
- Dans un saladier, mélangez du bout des doigts la poudre d'amandes, le reste d'huile d'olive, le sel et le poivre, de manière à obtenir une consistance sableuse.
- Une fois cuits, versez les légumes dans 4 ramequins individuels. Parsemez avec la pâte de poudre d'amandes. Enfournez et laissez cuire 30 minutes environ.

→

L'ASTUCE EN +

Vous pouvez agrémenter votre compotée de légumes d'un demi-poivron rouge coupé en petits dés ou de quelques dés de tomates fraîches.

SALADE DE MÂCHE SUCRÉE-SALÉE AUX NOIX DE MACADAMIA

Bon pour la santé cardiovasculaire

POUR 4 PERSONNES
PRÉPARATION : 15 MINUTES

INGRÉDIENTS : 2 grosses poignées de mâche ; 2 avocats ; 1 poire bien mûre ; 1 citron vert ; 2 c. à s. d'huile d'olive ; 40 g de noix de macadamia.

- Lavez et séchez la mâche.
- Pelez les avocats, dénoyautez-les et coupez-les en fines lamelles. Arrosez-les avec le jus du citron. Pelez la poire et détaillez-la également en fines lamelles.
- Dans un saladier, disposez la mâche puis les lamelles d'avocats et de poire par-dessus. Arrosez d'huile d'olive et parsemez de noix de macadamia grossièrement concassées. Servez bien frais.

L'ASTUCE EN +

Vous pouvez remplacer la mâche par du pourpier ou des pousses d'épinards. Ces salades sont également riches en oméga-3, des acides gras essentiels bons pour la santé cardiovasculaire.

SOUPE DE CAROTTES AU LAIT DE COCO ET AU CURCUMA

Anticancer, bon pour la peau

POUR 4 PERSONNES
PRÉPARATION : 15 MINUTES
CUISSON : 30 MINUTES

INGRÉDIENTS : 800 g de carottes ; 200 ml de lait de coco ; 1 c. à c. de curcuma ; quelques brins de coriandre fraîche ; sel marin non raffiné, poivre du moulin.

- Pelez les carottes et coupez-les en rondelles. Lavez, séchez et ciselez la coriandre.
- Versez les carottes dans une marmite. Ajoutez le lait de coco et complétez avec de l'eau à hauteur. Ajoutez le curcuma, salez légèrement et poivrez. Portez à ébullition et laissez cuire 30 minutes environ.
- Mixez la soupe et servez-la parsemée de coriandre.

L'ASTUCE EN +

Vous pouvez remplacer le curcuma par du curry en poudre.

CARPACCIO DE SAINT-JACQUES AUX AMANDES ET CITRON VERT

Léger, bon pour la santé cardiovasculaire

POUR 4 PERSONNES
PRÉPARATION : 15 MINUTES
MARINAGE : 15 MINUTES
CUISSON : 3 MINUTES

INGRÉDIENTS : 12 belles noix de Saint-Jacques ; 2 citrons verts ; 50 g d'amandes effilées ; 3 c. à s. d'huile d'olive ; 1 pincée de piment d'Espelette.

- Pressez les citrons.
- Détaillez les noix de Saint-Jacques en tranches très fines et disposez-les dans un plat de service. Arrosez-les avec l'huile d'olive et le jus des citrons. Réservez au frais au moins 15 minutes.
- Faites griller les amandes à sec dans une poêle antiadhésive pendant 2 à 3 minutes.
- Au moment de servir, saupoudrez le carpaccio de piment d'Espelette et décorez avec les amandes.

L'ASTUCE EN +

Pour un plat complet, servez avec une salade de mâche ou de roquette.

SALADE DE CHOU ROUGE AU THON ET AU SÉSAME

Anticancer, bon pour la santé cardiovasculaire

POUR 4 PERSONNES
PRÉPARATION : 15 MINUTES

INGRÉDIENTS : ½ chou rouge ; 1 pomme granny-smith ; 200 g de pavé de thon rouge frais ; 2 c. à s. de graines de sésame ; 2 c. à s. de raisins secs ; 1 citron ; 2 c. à s. d'huile d'olive ; sel, poivre du moulin.

- Émincez très finement le chou. Pelez et épépinez la pomme, coupez-la en fins bâtonnets. Détaillez le thon en cubes. Pressez le citron.
- Dans un saladier, mélangez le chou rouge avec la pomme et les dés de thon. Ajoutez les graines de sésame et les raisins secs. Arrosez avec le jus de citron et l'huile d'olive. Salez et poivrez.
- Servez bien frais.

L'ASTUCE EN +

Vous pouvez remplacer le thon par du saumon.

SALADE DE FENOUIL À L'ORANGE ET AUX AMANDES

Vitaminé, digeste

POUR 4 PERSONNES
PRÉPARATION : 15 MINUTES
ATTENTE : 1 HEURE
CUISSON : 2 MINUTES

INGRÉDIENTS : 2 bulbes de fenouil ; 2 oranges ; 2 c. à s. d'amandes effilées ; 1 échalote ; 1 citron ; 2 c. à s. d'huile d'olive ; quelques feuilles de menthe fraîche ; sel marin non raffiné, poivre du moulin.

- Lavez, séchez et émincez très finement les bulbes de fenouil. Pelez les oranges et détaillez-les en suprêmes (en quartiers sans la peau). Pelez et hachez finement l'échalote.
- Pressez le citron. Mélangez le jus à l'huile d'olive, salez et poivrez.
- Dans un saladier, mélangez le fenouil avec les suprêmes d'orange et l'échalote. Arrosez avec la vinaigrette citron-huile d'olive. Mettez au frais au moins 1 heure.
- Rincez, séchez et ciselez les feuilles de menthe. Faites griller les amandes à sec, pendant 1 à 2 minutes.
- Au moment de servir, parsemez la salade d'amandes et de menthe.

L'ASTUCE EN +

Pour un plat complet, multipliez les proportions par deux et ajoutez 200 g de crevettes roses décortiquées.

TABOULÉ DE CHOU-FLEUR

Anticancer

POUR 4 PERSONNES
PRÉPARATION : 15 MINUTES
ATTENTE : 1 HEURE

INGRÉDIENTS : 1 petit chou-fleur ; 2 tomates ; 1 citron ; 1 oignon ; ½ bouquet de persil plat ; ½ bouquet de menthe fraîche ; ½ bouquet de coriandre fraîche ; 2 c. à s. d'huile d'olive ; sel marin non raffiné, poivre du moulin.

- Détachez les bouquets de chou-fleur et rincez-les. Passez-les au mixeur de manière à obtenir une semoule fine.
- Lavez, séchez les tomates et coupez-les en tout petits dés. Pelez et hachez finement l'oignon. Rincez et ciselez les herbes (persil, menthe, coriandre). Pressez le citron.
- Dans un saladier, mélangez la semoule de chou-fleur avec les dés de tomates, l'oignon et les herbes. Ajoutez le jus de citron et l'huile d'olive. Salez et poivrez. Mettez au frais au moins 1 heure avant de servir.

L'ASTUCE EN +

Vous pouvez préparer la même recette en remplaçant le chou-fleur par un brocoli. C'est tout aussi délicieux, frais et vitaminé !

PETITS FLANS POULET-ÉPINARDS

Riche en protéines, coupe-faim

POUR 4 PERSONNES (8 MUFFINS)
PRÉPARATION : 15 MINUTES
CUISSON : 30 MINUTES

INGRÉDIENTS : 4 œufs ; 100 g de restes de poulet cuit ; 50 g de feuilles d'épinards frais ; 1 c. à s. de farine de coco ; 30 ml de lait de coco ; 1 échalote ; 1 gousse d'ail ; 1 c. à c. d'huile d'olive ; sel marin non raffiné, poivre du moulin.

- Pelez et hachez l'échalote. Lavez et égouttez les épinards. Faites chauffer l'huile d'olive et ajoutez l'échalote. Laissez-la fondre 5 minutes, puis ajoutez les épinards et poursuivez la cuisson 2 à 3 minutes.
- Pelez et hachez l'ail. Coupez les restes de poulet en petits morceaux.
- Dans un saladier, battez les œufs. Ajoutez l'ail, le lait et la farine de coco. Mélangez bien. Ajoutez ensuite les morceaux de poulet et la tombée d'épinards. Salez, poivrez et mélangez. Versez la préparation dans des petits moules à muffins. Enfournez 20 minutes environ. Servez tiède.

L'ASTUCE EN +

Ne remplissez les moules à muffins qu'aux trois quarts car la préparation va gonfler lors de la cuisson.

SALADE DE MÂCHE POMME-NOIX-CRANBERRIES

Bon pour la santé cardiovasculaire, riche en antioxydants, anti-infection urinaire

POUR 4 PERSONNES
PRÉPARATION : 10 MINUTES

INGRÉDIENTS : 200 g de mâche ; 1 pomme ; 10 noix ; 15 cranberries séchées ; 1 petit oignon doux ; ½ citron ; 1 c. à s. d'huile d'olive ; sel marin non raffiné, poivre du moulin.

- Lavez et égouttez la mâche.
- Pelez et épépinez la pomme. Coupez-la en tranches très fines. Pelez et ciselez finement l'oignon. Pressez le citron.
- Dans un saladier, versez la mâche, les lamelles de pomme, l'oignon, les noix grossièrement concassées et les cranberries. Versez l'huile d'olive et le jus de citron. Salez, poivrez et mélangez. Servez sans attendre.

L'ASTUCE EN +

Cette recette peut se manger en entrée, ou bien en accompagnement d'une viande ou d'un poisson cuit à la vapeur.

GASPACHO FRAISES-POIVRONS-TOMATES

Léger, riche en antioxydants

POUR 4 PERSONNES
PRÉPARATION : 15 MINUTES
ATTENTE : 1 HEURE

INGRÉDIENTS : 2 tomates ; 2 poivrons rouges ; 400 g de fraises ; 1 c. à s. d'huile d'olive ; ½ c. à c. de vinaigre de Xérès ; poivre.

- Rincez les tomates et coupez-les grossièrement. Rincez les poivrons, épépinez-les et détaillez-les en grosses lamelles. Lavez et équeutez les fraises.
- Mixez les tomates, les poivrons et les fraises avec l'huile d'olive, le vinaigre de Xérès et le poivre.
- Passez la préparation au tamis. Si nécessaire, ajoutez un peu d'eau pour obtenir une consistance plus fluide. Versez dans des verrines, et réservez au frais au moins 1 heure.

L'ASTUCE EN +

Conservez quelques fraises et lamelles de poivrons. Coupez-les en tout petits dés et décorez chaque verrine avant de servir.

SALADE DE LÉGUMES CAJOU-AMANDES

Bon pour la santé cardiovasculaire

POUR 4 PERSONNES
PRÉPARATION : 20 MINUTES

INGRÉDIENTS : 2 carottes ; 1 courgette ; 1 poivron rouge ; 8 radis roses ; 2 petits oignons frais ; ½ bouquet de coriandre ; 1 poignée de noix de cajou ; 1 c. à s. de purée d'amandes complètes ; 1 c. à s. de jus de citron ; 1 pincée de piment ; 1 gousse d'ail.

- Épluchez les carottes, lavez la courgette. Détaillez-les en fins bâtonnets. Lavez et épépinez le poivron. Coupez-le en fines lamelles. Rincez les radis, et coupez-les dans le sens de la longueur, en bâtonnets.
- Lavez et émincez les oignons. Rincez, séchez et ciselez la coriandre. Pressez le citron. Concassez très grossièrement les noix de cajou. Dans un saladier, versez les légumes, les oignons et la coriandre. Mélangez.
- Préparez la sauce : pelez et pressez la gousse d'ail. Mélangez la purée d'amandes avec le jus de citron, le piment et l'ail. Ajoutez un peu d'eau de manière à obtenir une consistance fluide. Versez sur les légumes. Mélangez. Parsemez de noix de cajou et servez bien frais.

L'ASTUCE EN +

Vous pouvez ajouter dans la sauce 1 c. à s. de miso (pâte de soja fermenté). Cet ingrédient est autorisé par certains spécialistes du régime paléo, mais pas par d'autres.

SALADE CAROTTES-FENOUIL AU FOIE DE MORUE

Bon pour la santé cardiovasculaire, riche en vitamines A et D

POUR 4 PERSONNES
PRÉPARATION : 15 MINUTES

INGRÉDIENTS : 1 bulbe de fenouil ; 2 carottes ; 1 citron ; 120 g de foie de morue en conserve ; 1 échalote ; poivre du moulin.

- Rincez, séchez le fenouil et émincez-le finement. Pelez et râpez les carottes. Pressez le citron. Pelez et ciselez l'échalote.
- Mélangez les carottes, le fenouil et l'échalote. Arrosez de jus de citron et poivrez. Émiettez le foie de morue sur les légumes et servez sans attendre.

L'ASTUCE EN +

Ne jetez pas l'huile contenue dans la boîte de foie de morue (s'il s'agit d'huile exudée, voir p. 66). Vous pouvez l'ajouter dans cette recette.

ŒUFS COCOTTE AUX TOMATES CERISES

Riche en protéines

POUR 4 PERSONNES
PRÉPARATION : 5 MINUTES
CUISSON : 10 MINUTES

INGRÉDIENTS : 4 œufs ; 8 tomates cerises ; 20 cl de crème de coco ; 8 olives noires ; quelques feuilles de basilic ; poivre du moulin.

- Préchauffez le four sur th. 7 (210 °C).
- Lavez les tomates cerises et coupez-les en deux. Coupez les olives noires en petits morceaux. Rincez, séchez et ciselez le basilic.
- Cassez les œufs dans des ramequins individuels (1 par ramequin). Répartissez les olives noires et les tomates cerises. Versez la crème de coco et poivrez.
- Enfournez et laissez cuire 8 à 10 minutes.

L'ASTUCE EN +

Vous pouvez ajouter, selon vos goûts, des petites lamelles de saumon fumé ou de bacon, des champignons de Paris émincés, de la coriandre ciselée…

Les plats paléo à base de viande

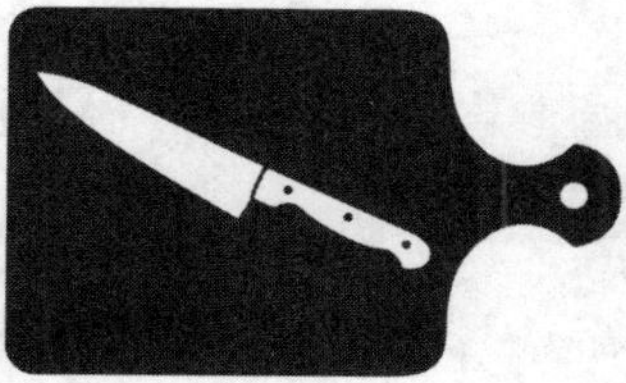

BROCHETTES DE POULET PANÉ COCO-AMANDES

Coupe-faim, riche en protéines, bon pour la santé cardiovasculaire

POUR 4 PERSONNES
PRÉPARATION : 10 MINUTES
ATTENTE : 15 MINUTES
CUISSON : 15 MINUTES

INGRÉDIENTS : 4 blancs de poulet ; 50 g de poudre d'amandes ; 50 g de noix de coco râpée ; 2 œufs ; 1 c. à s. d'huile d'olive ; 1 c. à c. de curry en poudre ; sel marin non raffiné, poivre du moulin.

- Coupez les blancs de poulet en gros dés. Saupoudrez-les de curry, salez légèrement et poivrez. Mélangez et réservez au frais 15 minutes.
- Pendant ce temps, cassez les œufs dans une assiette creuse et battez-les rapidement à la fourchette. Dans une seconde assiette creuse, mélangez la poudre d'amandes et la noix de coco.
- Passez rapidement les morceaux de poulet dans l'œuf, puis dans le mélange poudre d'amandes-noix de coco. Enfilez les dés de poulet sur des brochettes.
- Faites chauffer l'huile dans une poêle antiadhésive. Faites cuire les brochettes à feu doux pendant 10 à 15 minutes (en fonction de la taille de vos morceaux de poulet) en veillant à les retourner régulièrement.

L'ASTUCE EN +

Vous pouvez servir vos brochettes avec une purée de chou-fleur et céleri (voir p. 139), par exemple.

CARPACCIO DE BŒUF AUX PIGNONS

Riche en protéines

POUR 4 PERSONNES
PRÉPARATION : 10 MINUTES
ATTENTE : 15 MINUTES

INGRÉDIENTS : 500 g de filet de bœuf ; 300 g de roquette ; 2 citrons ; 4 c. à s. d'huile d'olive ; 30 g de pignons de pin ; sel marin non raffiné, poivre du moulin.

- Coupez la viande en très fines tranches à l'aide d'un bon couteau ou d'un trancheur. Disposez-les sur un plat de service.
- Rincez et séchez la roquette.
- Pressez les citrons. Mélangez le jus des citrons avec l'huile d'olive. Salez légèrement et poivrez. Versez la moitié de cette préparation sur le carpaccio. Réservez au frais 15 minutes environ.
- Au moment de servir, parsemez le carpaccio de pignons de pin. Servez avec la roquette assaisonnée avec le reste de la vinaigrette.

L'ASTUCE EN +

Pour découper plus facilement la viande, mettez-la 15 minutes au congélateur afin qu'elle durcisse.

BOULETTES DE VIANDE À LA SUÉDOISE

Coupe-faim, riche en protéines, facile à digérer

POUR 4 PERSONNES
PRÉPARATION : 20 MINUTES
CUISSON : 20 MINUTES

INGRÉDIENTS : 400 g de bœuf haché (à 10 % MG) ; 300 g de blanc de dinde ; 1 jaune d'œuf ; 1 oignon doux ; 2 gousses d'ail ; 1 c. à c. de cannelle moulue ; ½ c. à c. de gingembre moulu ; ½ c. à c. de quatre-épices ; 1 c. à s. d'huile d'olive ; sel marin non raffiné, poivre du moulin.

- Préchauffez le four sur th. 7 (210 °C).
- Hachez le blanc de dinde. Pelez et émincez finement l'oignon et l'ail.
- Dans un saladier, mélangez à la main le bœuf et la dinde, l'oignon et l'ail, le jaune d'œuf et les épices (cannelle, gingembre, quatre-épices). Salez et poivrez.
- Formez des boulettes de la taille d'une balle de golf environ et déposez-les sur la grille de votre four préalablement huilée.
- Glissez la grille et les boulettes dans le four. Placez une lèchefrite en dessous pour récupérer le jus de cuisson. Laissez cuire 20 minutes environ (à adapter en fonction de la taille des boulettes).

L'ASTUCE EN +

Vous pouvez servir ces boulettes avec des haricots verts aux amandes, par exemple (voir la recette p. 134).

QUICHE POULET-ÉPINARDS

Coupe-faim, riche en antioxydants

POUR 6 PERSONNES
PRÉPARATION : 20 MINUTES
CUISSON : 1 H 30

INGRÉDIENTS : 2 beaux blancs de poulet ; 1 courge spaghetti ; 500 g d'épinards frais ; 3 œufs ; 200 ml de lait de coco ; 3 c. à s. d'huile d'olive ; 1 c. à s. d'herbes de Provence ; sel marin non raffiné, poivre du moulin.

- Préchauffez le four sur th. 6 (180 °C).
- Rincez la courge spaghetti et coupez-la en deux dans le sens de la longueur à l'aide d'un grand couteau. À l'aide d'une cuillère à soupe, retirez les graines et les filaments. Badigeonnez-la avec 1 c. à s. d'huile d'olive, parsemez d'herbes de Provence et enfournez-la (côté chair sur le dessus) pendant 40 minutes environ.
- Pendant ce temps, détaillez le poulet en lamelles. Rincez et égouttez les épinards.
- Dans une poêle, faites chauffer 1 c. à s. d'huile d'olive et ajoutez les lamelles de poulet. Faites-les cuire 5 minutes à feu moyen en remuant, puis ajoutez les épinards et poursuivez la cuisson, toujours à feu moyen, pendant 2 à 3 minutes. Réservez.
- Dans un bol, battez les œufs avec le lait de coco. Salez et poivrez.
- Huilez le fond d'un moule à tarte (si possible avec fond amovible) avec le reste d'huile d'olive.

→

- Quand la courge est cuite, laissez-la refroidir. Grattez ensuite sa chair à l'aide d'une fourchette et disposez les filaments dans le fond de tarte, en tassant bien (c'est la courge spaghetti qui va former le fond de tarte). Garnissez également les bords du moule.
- Versez le mélange poulet-épinards sur le fond de tarte. Couvrez avec la préparation aux œufs. Enfournez et laissez cuire 40 minutes environ. Servez chaud.

LES ASTUCES EN +

- La courge spaghetti est assez difficile à couper. Si vous n'y arrivez pas, adoptez une autre technique : faites-la cuire entière dans de l'eau avant de l'ouvrir (voir la recette des Spaghettis de courge à la bolognaise p. 105).
- Si vous n'avez pas de courge spaghetti, préparez cette quiche avec une pâte à tarte paléo (voir recette p. 167) ou même, si vous le souhaitez, en version quiche sans pâte.
- Cette « pâte à tarte » en courge spaghetti peut bien sûr être utilisée pour préparer toutes vos recettes de quiches.

POULET MARINÉ AU CITRON ET À L'ORIGAN

Bon pour la digestion, léger

POUR 4 PERSONNES
PRÉPARATION : 15 MINUTES
MARINAGE : 2 HEURES
CUISSON : 10 MINUTES

INGRÉDIENTS : 4 blancs de poulet ; 1 citron non traité ; 1 c. à s. d'origan séché ; 2 gousses d'ail ; 2 c. à s. d'huile d'olive ; sel marin non raffiné, poivre du moulin.

- Lavez le citron. Récupérez son zeste et son jus. Pelez et hachez finement l'ail.
- Détaillez le poulet en lamelles.
- Dans un bol, mélangez le jus et le zeste de citron, l'origan, l'ail et 1 c. à s. d'huile d'olive. Salez et poivrez.
- Mettez les lamelles de poulet dans un sac congélation avec fermeture à zip. Versez la marinade et refermez bien le sac. Malaxez le poulet pendant quelques minutes, de manière à ce qu'il soit bien imprégné. Mettez au frais au moins 2 heures en le malaxant régulièrement.
- Faites chauffer l'huile restante dans une poêle antiadhésive. Ajoutez les blancs de poulet et laissez cuire 10 minutes à feu doux en remuant de temps en temps. Servez sans attendre.

L'ASTUCE EN +

Vous pouvez préparer la même recette avec de la dinde.

LASAGNES D'AUBERGINES AU BŒUF

Riche en antioxydants, coupe-faim, bon pour le transit

POUR 4 PERSONNES
PRÉPARATION : 15 MINUTES
CUISSON : 55 MINUTES

INGRÉDIENTS : 2 aubergines ; 300 g de viande de bœuf hachée (à 10 % de MG) ; 700 ml de coulis de tomates maison (voir recette p. 172) ; 2 oignons ; 2 c. à s. d'huile d'olive ; poivre du moulin.

- Préchauffez le four sur th. 6 (180 °C). Pelez et hachez finement les oignons. Faites chauffer 1 c. à s. d'huile d'olive dans une poêle. Ajoutez les oignons et laissez-les fondre 5 minutes à feu doux. Ajoutez la viande hachée et faites-la revenir 2 à 3 minutes à feu doux. Ajoutez 400 ml de coulis de tomates, poivrez, mélangez et réservez.
- Lavez les aubergines et détaillez-les en tranches très fines dans le sens de la longueur.
- Versez un peu de coulis de tomates dans le fond d'un plat à gratin. Déposez quelques tranches d'aubergines. Couvrez avec la farce à la viande et déposez une nouvelle couche de tranches d'aubergines. Recommencez l'opération jusqu'à épuisement des ingrédients, en terminant par une couche d'aubergines. Versez dessus le reste de coulis de tomates.
- Enfournez et laissez cuire 45 minutes.

L'ASTUCE EN +

Si vous aimez la cannelle, ajoutez-en 1 c. à c. dans le mélange viande hachée-coulis de tomates.

FRITTATA BŒUF-BROCOLI

Riche en protéines, anticancer

POUR 4 PERSONNES
PRÉPARATION : 10 MINUTES
CUISSON : 40 MINUTES

INGRÉDIENTS : 200 g de viande de bœuf hachée (à 10 % de MG) ; ½ brocoli ; 4 œufs ; 4 c. à s. de lait de coco ; 1 petit oignon ; 1 c. à s. d'huile d'olive ; sel marin non raffiné, poivre du moulin.

- Détaillez le brocoli en petits bouquets et faites-les cuire à la vapeur pendant 5 à 10 minutes. Égouttez-les. Pelez et émincez l'oignon.
- Préchauffez le four sur th. 6 (180 °C).
- Dans un bol, battez les œufs avec le lait de coco. Salez et poivrez.
- Faites chauffer l'huile d'olive. Ajoutez l'oignon et laissez-le fondre 5 minutes. Ajoutez ensuite le brocoli et la viande de bœuf. Laissez cuire à feu doux pendant 5 minutes en remuant souvent.
- Versez les œufs battus et laissez cuire 2 à 3 minutes. Mettez la poêle au four et poursuivez la cuisson 15 minutes. Transférez la fritatta sur une assiette de service et servez bien chaud.

L'ASTUCE EN +

Si vous n'avez pas de poêle qui aille au four, versez la préparation dans un moule à gâteau huilé.

ROULÉS DE DINDE AUX ÉPINARDS

Bon pour la ligne, riche en protéines

POUR 4 PERSONNES
PRÉPARATION : 15 MINUTES
CUISSON : 50 MINUTES

INGRÉDIENTS : 4 fines escalopes de dinde ; 500 g d'épinards frais ; 250 g de champignons de Paris ; 2 échalotes ; 2 c. à s. d'huile d'olive ; 2 feuilles de laurier ; sel marin non raffiné, poivre du moulin.

- Lavez et égouttez les épinards. Pelez et émincez les échalotes. Faites chauffer 1 c. à s. d'huile d'olive dans une casserole. Faites-y fondre les échalotes 5 minutes à feu doux. Ajoutez les épinards et laissez-les revenir 2 à 3 minutes en mélangeant.
- Aplatissez les escalopes à l'aide d'un rouleau à pâtisserie. Répartissez les épinards sur les escalopes. Roulez-les en les serrant bien et maintenez avec une pique en bois.
- Faites chauffer le reste d'huile. Ajoutez les roulés de dinde, les feuilles de laurier et un peu d'eau. Salez et poivrez. Couvrez et laissez cuire à feu très doux pendant 30 minutes.
- Pendant ce temps, nettoyez et émincez les champignons. Ajoutez-les dans la poêle, salez, poivrez et poursuivez la cuisson 10 minutes à couvert et à feu très doux. Servez bien chaud.

L'ASTUCE EN +

Pour éviter que les épinards ne rendent trop d'eau, veillez à les égoutter soigneusement, en les pressant bien, après cuisson.

SAUTÉ DE POULET AUX CHAMPIGNONS

Riche en protéines

POUR 4 PERSONNES
PRÉPARATION : 10 MINUTES
CUISSON : 20 MINUTES

INGRÉDIENTS : 4 blancs de poulet ; 250 g de champignons de Paris ; 20 cl de crème de coco ; ½ citron ; 1 c. à s. d'huile d'olive ; sel non raffiné ; poivre.

- Coupez les blancs de poulet en lamelles. Nettoyez et émincez les champignons de Paris. Arrosez-les d'un filet de jus de citron pour éviter qu'ils noircissent.
- Faites chauffer l'huile dans une poêle. Ajoutez les lamelles de poulet, et laissez-les cuire 5 minutes à feu moyen en mélangeant de temps à autre.
- Ajoutez les champignons et poursuivez la cuisson 10 minutes. Salez et poivrez.
- En fin de cuisson, versez la crème de coco, mélangez et laissez réchauffer 2 à 3 minutes. Servez sans attendre.

L'ASTUCE EN +

Vous pouvez relever la sauce avec une pointe de curry ou de piment, et servir ce plat avec une poêlée de courgettes ou de haricots verts.

BROCHETTES DE VEAU AU CITRON ET AUX ÉPICES

Anticancer, digeste

POUR 4 PERSONNES
PRÉPARATION : 10 MINUTES
MARINAGE : 30 MINUTES
CUISSON : 10 MINUTES

INGRÉDIENTS : 350 g de filet de veau ; 2 poivrons rouges ; 2 citrons ; 1 c. à s. d'huile d'olive ; 1 c. à s. de cumin en poudre ; 1 c. à s. de curcuma en poudre ; poivre du moulin.

- Coupez le veau en gros dés. Pressez les citrons.
- Dans un saladier, mélangez la viande avec le jus de citron, l'huile d'olive, le cumin et le curcuma. Poivrez. Couvrez et laissez mariner au frais 30 minutes environ.
- Pendant ce temps, lavez et épépinez les poivrons rouges. Coupez-les en gros dés.
- Préchauffez le gril du four sur th. 8 (240 °C).
- Montez 8 brochettes en alternant les morceaux de viande et de poivron. Faites-les cuire 10 minutes en les retournant à mi-cuisson. Servez sans attendre.

L'ASTUCE EN +

Vous pouvez accompagner vos brochettes d'un taboulé de chou-fleur (voir recette p. 86). Une très bonne recette pour les barbecues d'été !

SPAGHETTIS DE COURGE À LA BOLOGNAISE

Riche en antioxydants

POUR 4 PERSONNES
PRÉPARATION : 20 MINUTES
CUISSON : 35 MINUTES

INGRÉDIENTS : 400 g de steak haché ; 1 belle courge spaghetti ; 2 carottes ; 500 ml de purée de tomates ; 1 gros oignon ; 1 c. à s. d'huile d'olive ; quelques brins de persil frais.

- Brossez et rincez la courge spaghetti. Déposez-la entière dans une grande marmite, et recouvrez-la d'eau. Comme elle va flotter, posez un couvercle avec un poids sur la marmite afin de la laisser immergée pendant toute la cuisson. Portez à ébullition et laissez cuire 20 minutes environ (pour vérifier la cuisson, transpercez sa peau avec la lame d'un couteau, elle doit s'enfoncer facilement). Égouttez-la et mettez-la à refroidir en la plongeant dans l'eau froide.
- Coupez-la en deux dans le sens de la longueur. Retirez ses graines, mais ne les jetez pas (voir encadré ci-après). Prélevez la chair à l'aide d'une fourchette. Réservez au chaud.
- Pelez et émincez finement l'oignon. Épluchez les carottes et détaillez-les en tout petits dés.
- Faites chauffer l'huile. Ajoutez l'oignon et les dés de carottes. Laissez fondre 5 minutes à feu moyen en mélangeant de temps en temps. Ajoutez la viande

→

hachée et laissez cuire 3 minutes en remuant. Versez enfin la purée de tomates et laissez réchauffer 5 minutes.

- Rincez, séchez et ciselez le persil.
- Versez la sauce sur les spaghettis de courge. Parsemez de persil et servez sans attendre.

LES ASTUCES EN +

- La « courge sphaghetti » est une variété de courge particulièrement filandreuse, d'où son nom. Après l'avoir fait cuire, il suffit de gratter sa chair à l'aide d'une fourchette ou d'une cuillère : celle-ci se détache sous forme de longs spaghettis. On la trouve généralement à l'automne.
- Ne jetez pas les graines de la courge : après les avoir débarrassées de la chair qui y reste accrochée, vous pourrez les faire griller et les déguster à l'apéritif. Voir la recette p. 62.

BOULETTES DE BŒUF À LA SAUCE TOMATE

Riche en antioxydants, riche en fer

POUR 4 PERSONNES
PRÉPARATION : 15 MINUTES
CUISSON : 12 MINUTES

INGRÉDIENTS : 700 g de viande de bœuf hachée ; 700 ml de coulis de tomate maison (voir recette p. 172) ; 1 œuf ; 2 c. à s. de poudre d'amandes ; 1 petit oignon ; 2 gousses d'ail ; 2 c. à s. de concentré de tomates ; 1 c. à s. d'huile d'olive ; quelques brins de persil plat frais ; sel marin non raffiné, poivre du moulin.

- Pelez et hachez l'oignon et les gousses d'ail. Rincez, séchez et ciselez le persil plat.
- Dans un saladier, mélangez à la main la viande hachée avec l'œuf légèrement battu, la poudre d'amandes, l'oignon et l'ail, le concentré de tomates et le persil. Salez et poivrez.
- Une fois la préparation bien homogène, formez une vingtaine de boulettes.
- Faites chauffer l'huile d'olive dans une poêle. Ajoutez les boulettes et laissez-les dorer à feu moyen pendant 1 à 2 minutes. Versez la sauce tomate maison, couvrez et laissez réchauffer à feu doux pendant 10 minutes.

L'ASTUCE EN +

N'hésitez pas à parfumer vos boulettes en y ajoutant l'épice de votre choix : piment, cannelle, curry…

MINI-PIZZAS

Bon pour le transit, riche en antioxydants

POUR 4 PERSONNES
PRÉPARATION : 20 MINUTES
CUISSON : 30 MINUTES

INGRÉDIENTS : 2 petites aubergines ; 120 g de jambon blanc ; 200 ml de coulis de tomates maison (voir recette p. 172) ; 100 g de tomates cerises ; 100 g de champignons de Paris ; 2 c. à s. d'huile d'olive ; 1 c. à s. d'herbes de Provence ; sel marin non raffiné.

- Préchauffez le four sur th. 6 (180 °C).
- Lavez les aubergines et coupez-les en tranches de 0,5 cm d'épaisseur environ. Déposez les tranches sur la plaque du four recouverte de papier sulfurisé. Arrosez-les avec 1 c. à s. d'huile d'olive et enfournez. Laissez cuire 20 minutes, en les retournant à mi-cuisson.
- Pendant ce temps, lavez les tomates cerises et coupez-les en deux. Nettoyez et émincez les champignons de Paris. Détaillez le jambon blanc en petits dés.
- Quand les tranches d'aubergines sont cuites, versez sur chacune un peu de coulis de tomates, quelques tomates cerises, lamelles de champignons et dés de jambon. Arrosez avec l'huile d'olive restante et parsemez d'herbes de Provence. Passez ces mini-pizzas sous le gril du four pendant 10 minutes. Servez bien chaud.

L'ASTUCE EN +

Sur cette base, vous pouvez bien sûr faire varier les ingrédients et ajouter, en fonction de vos goûts, des petits lardons, du thon émietté, des olives noires, des cœurs d'artichaut…

POULET AUX NOIX DE CAJOU

Bon pour la santé cardiovasculaire, coupe-faim

POUR 4 PERSONNES
PRÉPARATION : 10 MINUTES
CUISSON : 25 MINUTES

INGRÉDIENTS : 4 blancs de poulet ; 150 g de noix de cajou non salées ; 2 poivrons verts ; 1 oignon ; 2 gousses d'ail ; 2 c. à s. d'huile d'olive ; sel, poivre du moulin.

- Découpez le poulet en lamelles. Lavez, épépinez et émincez les poivrons. Pelez et émincez l'oignon et l'ail.
- Dans une poêle, faites chauffer 1 c. à s. d'huile d'olive. Ajoutez les noix de cajou et faites-les dorer à feu vif pendant 5 minutes sans cesser de remuer. Réservez.
- Faites chauffer le reste d'huile d'olive dans la poêle. Ajoutez l'oignon, l'ail et les poivrons. Faites fondre à feu doux pendant 10 minutes Ajoutez le poulet, poursuivez la cuisson 10 minutes et servez bien chaud. En fin de cuisson, ajoutez les noix de cajou. Servez bien chaud.

L'ASTUCE EN +

Si vous aimez la saveur piquante du gingembre, vous pouvez en ajouter, frais et râpé.

AIGUILLETTES DE CANARD AUX NAVETS ET AUX ENDIVES

Bon pour la santé cardiovasculaire, anticancer

POUR 4 PERSONNES
PRÉPARATION : 15 MINUTES
CUISSON : 25 À 30 MINUTES

INGRÉDIENTS : 500 g d'aiguillettes de canard ; 4 navets ; 4 endives ; 1 c. à s. de miel ; 1 c. à s. d'huile d'olive ; 1 c. à s. d'herbes de Provence ; sel marin non raffiné, poivre du moulin.

- Rincez les endives, essuyez-les et émincez-les finement. Épluchez les navets et coupez-les en morceaux.
- Faites chauffer une poêle avec l'huile d'olive. Ajoutez les endives et laissez-les fondre 5 minutes à feu doux. Réservez. Remplacez-les par les navets, ajoutez 100 ml d'eau et faites cuire 10 minutes à feu doux en mélangeant régulièrement. Ajoutez les herbes de Provence et le miel en fin de cuisson. Mélangez et réservez.
- Dans la même poêle, faites cuire les aiguillettes de canard 3 à 4 minutes à feu moyen en les retournant régulièrement. Remettez les endives et les navets dans la poêle. Poursuivez la cuisson à feu moyen 5 minutes Poivrez et servez bien chaud.

L'ASTUCE EN +

Vous pouvez remplacer l'huile d'olive par de la graisse de canard.

BROCHETTES DE FILET MIGNON DE PORC À LA MOUTARDE

Digeste

POUR 4 PERSONNES
PRÉPARATION : 15 MINUTES
ATTENTE : 2 HEURES
CUISSON : 15 MINUTES

INGRÉDIENTS : 500 g de filet mignon de porc ; 2 c. à s. de graines de moutarde ; 1 citron ; 1 gousse d'ail ; 2 c. à s. d'huile d'olive : 1 c. à c. d'estragon séché ; sel, poivre du moulin.

- Coupez la viande en cubes de 2 à 3 cm de côté. Pelez et hachez finement la gousse d'ail. Pressez le citron.
- Mélangez l'huile d'olive avec le jus de citron, l'estragon et la gousse d'ail. Ajoutez les dés de viande et mélangez. Couvrez et réservez au frais au moins 2 heures.
- Préchauffez le four sur th. 7 (210 °C).
- Enfilez les morceaux de viande sur des brochettes, puis roulez-les rapidement dans les graines de moutarde écrasées. Déposez les brochettes sur un plat. Enfournez 15 minutes. Servez aussitôt.

L'ASTUCE EN +

Servez ce plat avec une poêlée de haricots verts aux amandes (voir recette p. 134) ou des champignons farcis (p. 142).

QUICHE AUX LARDONS ET AUX LÉGUMES

Riche en protéines, coupe-faim

POUR 4 PERSONNES
PRÉPARATION : 20 MINUTES
CUISSON : 50 MINUTES

INGRÉDIENTS : 1 pâte à tarte salée (p. 167) ; 200 g de lardons ; 6 œufs ; 100 ml de lait de coco ; 200 g de champignons de Paris ; 200 g d'épinards frais ; 1 oignon ; 2 c. à s. d'huile d'olive ; sel marin non raffiné, poivre du moulin.

- Préparez la pâte sablée salée selon les indications de la page 167, et garnissez-en un moule à tarte à fond amovible préalablement huilé.
- Préchauffez le four sur th. 6 (180 °C).
- Pelez et hachez l'oignon. Lavez et égouttez les épinards. Nettoyez les champignons et émincez-les.
- Faites chauffer 1 c. à s. d'huile d'olive dans une poêle. Ajoutez l'oignon et laissez-le fondre 5 minutes. Versez les champignons et les lardons, et faites-les cuire 5 minutes. Versez les épinards et poursuivez la cuisson 2 à 3 minutes. Versez la préparation sur le fond de tarte.
- Dans un saladier, battez les œufs avec le lait de coco. Salez légèrement et poivrez. Versez sur la garniture de la tarte.
- Enfournez et laissez cuire 35 minutes.

L'ASTUCE EN +

Pour obtenir une quiche bien dorée, passez-la sous le gril du four 2 à 3 minutes en fin de cuisson.

Les plats paléo à base de poisson

SARDINES AUX ÉPINARDS ET AUX AMANDES

Bon pour la santé cardiovasculaire

POUR 4 PERSONNES
PRÉPARATION : 15 MINUTES
CUISSON : 55 MINUTES

INGRÉDIENTS : 8 sardines fraîches évidées et nettoyées ; 300 g d'épinards frais ; 1 échalote ; 100 g de poudre d'amandes ; 50 g d'amandes effilées ; ½ citron bio ou non traité ; 2 c. à s. d'huile d'olive ; sel marin non raffiné, poivre du moulin.

- Préchauffez le four sur th. 6 (180 °C).
- Lavez et égouttez les épinards. Pelez et hachez l'échalote. Zestez et pressez le citron.
- Faites chauffer l'huile d'olive dans une sauteuse. Ajoutez l'échalote et laissez-la suer 5 minutes. Versez les épinards et faites fondre 2 à 3 minutes à feu doux, en remuant. Égouttez-les en les pressant bien pour évacuer le maximum d'eau.
- Mélangez les épinards avec la poudre d'amandes, le zeste et le jus du citron. Salez et poivrez.
- Farcissez les sardines avec cette préparation, puis déposez-les dans un plat huilé. Enfournez et laissez cuire 35 minutes. 10 minutes avant la fin de la cuisson, parsemez le plat d'amandes effilées et terminez la cuisson au four. Servez bien chaud.

L'ASTUCE EN +

Pour un plat complet, vous pouvez déposer les sardines sur un lit de courgettes et de tomates.

PIZZA AU THON ET AUX ARTICHAUTS

Probiotique, bon pour la santé cardiovasculaire

POUR 4 PERSONNES
PRÉPARATION : 20 MINUTES
CUISSON : 30 MINUTES

INGRÉDIENTS : 1 pâte à pizza (recette p. 168) ; 200 g de thon au naturel ; 6 cœurs d'artichauts en conserve ; 200 ml de coulis de tomates ; 10 olives noires ; 1 c. à s. d'origan séché ; 2 c. à s. d'huile d'olive ; poivre du moulin.

- Préchauffez le four sur th. 7 (210 °C).
- Préparez la pâte à pizza selon les instructions de la page 168. Faites-la précuire 15 minutes.
- Égouttez les cœurs d'artichauts et coupez-les en quatre. Égouttez et émiettez le thon.
- Une fois que la pâte est précuite, étalez dessus le coulis de tomates. Ajoutez le thon et les cœurs d'artichauts. Parsemez d'olives et d'origan. Arrosez d'huile d'olive et poivrez. Enfournez et laissez cuire 15 minutes. Servez bien chaud.

L'ASTUCE EN +

Vous pouvez remplacer les cœurs d'artichauts en conserve par des cœurs d'artichauts surgelés. Faites-les précuire à l'eau ou la vapeur une dizaine de minutes.

PAPILLOTTES DE CABILLAUD AU FENOUIL ET À L'ESTRAGON

Bon pour la ligne, digeste

POUR 4 PERSONNES
PRÉPARATION : 10 MINUTES
CUISSON : 10 MINUTES

INGRÉDIENTS : 800 g de dos de cabillaud ; 1 bulbe de fenouil ; 4 c. à s. de feuilles d'estragon ; 1 échalote ; 1 gousse d'ail ; 1 citron bio ou non traité ; 2 c. à s. d'huile d'olive ; sel marin non raffiné, poivre du moulin.

- Préchauffez le four sur th. 7 (210 °C).
- Pelez et hachez finement l'échalote et l'ail. Rincez le citron et découpez-le en tranches très fines. Rincez le fenouil et détaillez-le en très fines lamelles. Hachez les feuilles d'estragon.
- Découpez le dos de cabillaud en quatre parts égales.
- Découpez 4 grandes feuilles de papier sulfurisé. Au centre de chaque feuille, déposez un lit de fenouil, échalote et ail. Posez les morceaux de cabillaud. Arrosez avec un peu d'huile d'olive, saupoudrez d'estragon, salez et poivrez. Répartissez les rondelles de citron puis refermez hermétiquement les papillotes.
- Enfournez et laissez cuire 10 minutes environ.

L'ASTUCE EN +

Servez avec un « riz » de chou-fleur (voir recette p. 130).

SALADE D'ÉPINARDS FRAIS AU SAUMON FUMÉ

Bon pour la santé cardiovasculaire, léger

POUR 4 PERSONNES
PRÉPARATION : 15 MINUTES

INGRÉDIENTS : 800 g de pousses d'épinards ; 8 tranches de saumon fumé ; 200 g de champignons de Paris ; 2 c. à s. de graines de sésame ; 1 oignon rouge ; 30 cl de lait de coco ; 1 c. à s. de jus de citron vert ; 1 pincée de piment d'Espelette.

- Lavez et égouttez soigneusement les pousses d'épinards. Nettoyez et émincez les champignons. Détaillez le saumon fumé en lamelles. Pelez et émincez l'oignon rouge.
- Dans un saladier, mélangez les épinards avec le saumon fumé, les champignons de Paris et l'oignon.
- Dans un bol, mélangez le lait de coco avec le jus de citron vert et le piment d'Espelette. Versez cette sauce sur la salade. Parsemez de graines de sésame et servez sans attendre.

L'ASTUCE EN +

Délicieux également avec des dés de saumon frais, cuits quelques minutes à la poêle !

FILETS DE CABILLAUD POCHÉS AU LAIT DE COCO

Antifatigue, reminéralisant, bon pour la santé cardiovasculaire

POUR 4 PERSONNES
PRÉPARATION : 5 MINUTES
CUISSON : 45 MINUTES

INGRÉDIENTS : 4 filets de cabillaud (150 g chacun environ) ; 500 ml de lait de coco ; 1 bâton de citronnelle ; sel, poivre du moulin.

- Coupez le bâton de citronnelle en deux dans le sens de la longueur.
- Versez le lait de coco dans une casserole. Ajoutez le bâton de citronnelle et portez à ébullition. Laissez infuser hors du feu et à couvert pendant 30 minutes.
- Déposez les filets de cabillaud dans le lait de coco et faites cuire 10 à 15 minutes à feu moyen.
- Servez les filets de cabillaud arrosés de lait de coco.

L'ASTUCE EN +

Vous pouvez remplacer la citronnelle par l'herbe de votre choix, par exemple du thym ou du romarin.

RÔTI DE LOTTE AU BACON

Riche en protéines

POUR 4 PERSONNES
PRÉPARATION : 15 MINUTES
CUISSON : 10 MINUTES

INGRÉDIENTS : 2 queues de lotte (sans la peau) ; 12 tranches de bacon ; 2 gousses d'ail ; ½ bouquet de persil ; 2 c. à s. d'huile d'olive ; quelques brins de thym.

- Préchauffer le four sur th. 7 (210 °C).
- Rincez, séchez et hachez le persil. Pelez et hachez finement l'ail. Passez les queues de lotte sous l'eau et essuyez-les avec un papier absorbant.
- Déposez les tranches de bacon sur le plan de travail, en trois rangées de 4, de manière à ce qu'elles se chevauchent légèrement. Posez les deux queues de lotte dessus, et parsemez de persil et d'ail. Refermez le tout pour former un rôti. Ficelez-le.
- Déposez ce rôti dans un plat à four huilé. Arrosez-le du reste d'huile d'olive et parsemez de thym. Enfournez et laissez cuire 30 minutes environ.

LES ASTUCES EN +

- Dans la garniture de votre rôti, vous pouvez ajouter quelques dés de tomates séchées, des lamelles d'olives noires, des zestes de citron…
- Vous pouvez servir ce plat avec des tagliatelles de légumes aux herbes et aux noix de cajou (voir recette p. 137) ou une poêlée d'épinards au sésame (p. 135).

POISSON PANÉ COCO

Bon pour le transit, riche en protéines, coupe-faim

POUR 4 PERSONNES
PRÉPARATION : 15 MINUTES
CUISSON : 10 MINUTES

INGRÉDIENTS : 4 filets de poisson blanc (cabillaud, merlan, sole, plie, bar…) ; 2 œufs ; 50 g de farine de coco ; 100 g de noix de coco râpée ; 2 c. à s. d'huile d'olive ; sel marin non raffiné, poivre du moulin.

- Dans une assiette creuse, versez la farine de coco.
- Dans une deuxième assiette, battez les œufs à la fourchette.
- Dans une troisième assiette, versez la noix de coco râpée.
- Trempez successivement chaque filet de poisson dans la farine de coco, puis dans les œufs battus, et enfin dans la noix de coco râpée.
- Faites chauffer l'huile dans une poêle antiadhésive. Déposez-y les filets de poisson et faites-les cuire à feu doux 5 à 10 minutes, selon leur épaisseur. Salez légèrement et poivrez avant de servir.

L'ASTUCE EN +

Servez vos filets de poisson pané accompagné de quartiers de citron vert.

CREVETTES SAUTÉES À LA CORIANDRE

Riche en antioxydants, bon pour la santé cardiovasculaire, facile à digérer

POUR 4 PERSONNES
PRÉPARATION : 15 MINUTES
MARINAGE : 1 HEURE
CUISSON : 10 MINUTES

INGRÉDIENTS : 32 crevettes roses crues entières ; 1 c. à c. de graines de coriandre ; 1 petit bouquet de coriandre fraîche ; 2 gousses d'ail ; 1 citron ; 1 pincée de piment d'Espelette ; 3 c. à s. d'huile d'olive.

- Écrasez grossièrement les graines de coriandre. Pelez et hachez les gousses d'ail. Pressez le citron.
- Dans un bol, mélangez 2 c. à s. d'huile d'olive avec le jus de citron, les graines de coriandre, l'ail et le piment d'Espelette. Étêtez les crevettes et déposez-les dans un grand plat creux. Versez la marinade, couvrez et laissez reposer au frais au moins 1 heure.
- Rincez, séchez et ciselez la coriandre fraîche.
- Faites chauffer l'huile restante dans une grande sauteuse. Ajoutez les crevettes et faites-les cuire 5 minutes à feu vif en remuant très souvent. Versez la coriandre, mélangez et poursuivez la cuisson 3 à 4 minutes. Servez sans attendre.

LES ASTUCES EN +

- Si vous aimez les plats bien relevés, n'hésitez pas à augmenter la dose de piment.
- Vous pouvez servir ces crevettes avec un riz de chou-fleur, par exemple (voir recette p. 130).

SALADE NIÇOISE AUX SARDINES

Riche en protéines, bon pour la santé cardiovasculaire

POUR 4 PERSONNES
PRÉPARATION : 10 MINUTES
CUISSON : 16 MINUTES

INGRÉDIENTS : 300 g de sardines en boîte ; 2 œufs ; 2 tomates : 150 g de haricots verts frais ; 4 filets d'anchois ; 1 oignon ; quelques feuilles de laitue ; 12 olives noires ; 2 c. à s. d'huile d'olive ; poivre.

- Lavez et équeutez les haricots verts. Faites-les cuire 6 minutes dans un grand volume d'eau bouillante salée. Une fois qu'ils sont cuits, égouttez-les et passez-les sous l'eau froide.
- Faites cuire les œufs 10 minutes à l'eau bouillante. Une fois qu'ils sont cuits, écalez-les et coupez-les en quartiers.
- Lavez les tomates et coupez-les en quartiers. Lavez et égouttez les feuilles de laitue. Pelez et émincez l'oignon.
- Dans un saladier, disposez les feuilles de salade. Ajoutez les haricots verts, les tomates, les olives et l'oignon. Disposez les quartiers d'œufs, les sardines égouttées et les filets d'anchois. Arrosez d'huile d'olive. Poivrez et servez bien frais.

L'ASTUCE EN +

Pour une recette plus proche de l'originale, remplacez les sardines par du thon en boîte.

CEVICHE DE DAURADE

Bon pour la ligne

POUR 4 PERSONNES
PRÉPARATION : 20 MINUTES
MARINAGE : 1 HEURE

INGRÉDIENTS : 800 g de filets de daurade ; 4 citrons verts ; 1 avocat ; 2 tomates ; 1 oignon rouge ; quelques brins de coriandre fraîche ; 1 gousse d'ail ; sel marin non raffiné, poivre du moulin.

- Pelez et émincez finement l'oignon. Pelez et hachez l'ail. Lavez les tomates et coupez-les en tout petits cubes. Pressez les citrons.
- Coupez le poisson en cubes. Mélangez-les avec l'oignon, les dés de tomates et l'ail. Versez les deux tiers du jus de citron. Salez légèrement et poivrez. Mélangez, couvrez et laissez mariner une heure au frais.
- Ouvrez l'avocat en deux, ôtez son noyau et détaillez sa chair en fines lamelles. Arrosez-les du reste de jus de citron. Rincez, séchez et ciselez la coriandre.
- Présentez le ceviche parsemé de coriandre et accompagné de lamelles d'avocat.

L'ASTUCE EN +

Pour relever encore un peu plus cette recette, ajoutez un petit piment rouge coupé très finement.

FILETS DE POISSON SAUCE AMANDE

Bon pour la santé cardiovasculaire

POUR 4 PERSONNES
PRÉPARATION : 15 MINUTES
CUISSON : 10 MINUTES

INGRÉDIENTS : 4 filets de poisson blanc (cabillaud, flétan…) ; 1 citron ; 150 g d'amandes entières ; 3 c. à s. d'huile d'olive ; ½ bouquet de persil plat ; sel, poivre du moulin.

- Concassez grossièrement les amandes et faites-les griller à sec dans une poêle antiadhésive pendant quelques minutes.
- Pressez le citron. Rincez et séchez le persil.
- Mixez la moitié des amandes avec le jus de citron, 2 c. à s. d'huile d'olive et le persil. Salez et poivrez. Ajoutez le reste des amandes concassées et mélangez.
- Dans la poêle, faites chauffer le reste d'huile d'olive. Faites cuire les filets de poisson 3 à 5 minutes de chaque côté (en fonction de leur épaisseur). Servez bien chaud accompagné de la sauce aux amandes froide.

L'ASTUCE EN +

Vous pouvez remplacer le persil plat par de la coriandre.

SALADE DE CREVETTES, ANANAS ET NOIX DE MACADAMIA

Anticholestérol, bon pour la santé cardiovasculaire

POUR 4 PERSONNES
PRÉPARATION : 20 MINUTES

INGRÉDIENTS : 24 crevettes cuites et décortiquées ; ½ ananas frais ; 1 poivron rouge ; 1 citron ; quelques feuilles de laitue ; 150 g de noix de macadamia ; 2 gousses d'ail ; 2 c. à s. d'huile d'olive ; 1 pincée de piment ; sel marin non raffiné, poivre du moulin.

- Épluchez l'ananas et coupez-le en petits dés. Lavez le poivron, épépinez-le et détaillez-le en lamelles. Pressez le citron. Pelez et hachez finement l'ail. Lavez et égouttez les feuilles de laitue. Concassez grossièrement les noix de macadamia.
- Mélangez le jus de citron avec l'huile d'olive, l'ail et le piment. Salez et poivrez.
- Dans un saladier, mélangez les crevettes avec les dés d'ananas et les lamelles de poivron.
- Disposez les feuilles de laitue sur un plat de service. Déposez le mélange crevette-ananas-poivron, versez la vinaigrette au citron et parsemez de noix de macadamia concassées. Servez sans attendre.

L'ASTUCE EN +

Si vous ne trouvez pas de noix de macadamia, vous pouvez les remplacer par des noisettes, par exemple.

FILETS DE LIEU EN CROÛTE DE CAJOU

Riche en magnésium, bon pour la santé cardiovasculaire

POUR 4 PERSONNES
PRÉPARATION : 15 MINUTES
CUISSON : 20 MINUTES

INGRÉDIENTS : 4 pavés de lieu ; 100 g de noix de cajou rôties à sec non salées ; ½ bouquet de persil plat ; 1 œuf ; 2 c. à s. de poudre d'amandes ; 2 c. à s. d'huile de noix de coco ; poivre.

- Préchauffez le four sur th. 6 (180 °C).
- Rincez et ciselez le persil. Hachez grossièrement les noix de cajou.
- Dans un saladier, mélangez les noix de cajou, le persil, l'œuf battu, la poudre d'amandes et l'huile de noix de coco. Poivrez.
- Enrobez les filets de poisson avec cette préparation. Déposez-les dans un plat.
- Enfournez et laissez cuire 15 à 20 minutes selon l'épaisseur des filets.

L'ASTUCE EN +

Si besoin, faites fondre l'huile de noix de coco quelques minutes dans une petite casserole (en dessous de 25 °C, elle se solidifie).

ROULÉS DE CABILLAUD AU JAMBON CRU

Riche en protéines, coupe-faim

POUR 4 PERSONNES
PRÉPARATION : 15 MINUTES
CUISSON : 15 MINUTES

INGRÉDIENTS : 600 g de cabillaud ; 4 grandes tranches de jambon cru ; 1 c. à s. de graines de courge ; 1 c. à s. d'huile d'olive.

- Coupez le cabillaud en 8 morceaux. Coupez les tranches de jambon en deux, dans le sens de la longueur, de manière à obtenir de longues bandes.
- Enroulez une bande de jambon autour de chaque morceau de poisson. Maintenez le tout en place à l'aide d'une pique en bois.
- Faites torréfier à sec les graines de courge dans une poêle antiadhésive pendant 3 à 4 minutes.
- Faites chauffer l'huile d'olive dans une poêle. Faites cuire les roulés de lotte 8 à 10 minutes à feu doux en les remuant régulièrement. Servez parsemé de graines de courge.

L'ASTUCE EN +

Vous pouvez remplacer les tranches de jambon cru par des tranches de bacon.

SAUMON GRILLÉ AU PESTO DE MACADAMIA

Bon pour la santé cardiovasculaire

POUR 4 PERSONNES
PRÉPARATION : 15 MINUTES
CUISSON : 10 MINUTES

INGRÉDIENTS : 4 pavés de saumon avec la peau ; 1 petit bouquet de basilic frais ; 100 g de noix de macadamia ; 1 citron bio ou non traité ; 4 gousses d'ail ; 1 c. à s. d'huile d'olive ; sel marin non raffiné.

- Lavez et séchez le bouquet de basilic. Pelez les gousses d'ail et coupez-les en quatre. Rincez le citron. Zestez-le puis pressez-le.
- Mixez les noix de macadamia avec le basilic, le jus et le zeste du citron et l'ail. Salez légèrement.
- Faites chauffer l'huile d'olive. Déposez les pavés de saumon côté peau dans le fond de la poêle. Saisissez le poisson 3 minutes à feu vif puis baissez le feu, couvrez et poursuivez la cuisson 5 à 8 minutes, en fonction de leur épaisseur. Servez le poisson accompagné du pesto de macadamia.

L'ASTUCE EN +

Si la texture du pesto vous semble trop épaisse, vous pouvez ajouter un peu d'huile d'olive.

Les plats de légumes et accompagnements paléo

RIZ DE CHOU-FLEUR

Anticancer, bon pour la ligne

POUR 4 PERSONNES
PRÉPARATION : 15 MINUTES
CUISSON : 5 MINUTES

INGRÉDIENTS : 1 chou-fleur ; 1 c. à s. d'huile d'olive ; ½ citron ; sel, poivre du moulin.

- Rincez le chou-fleur et détachez les bouquets. Mixez-le ou râpez-le à la main de manière à obtenir une texture pas trop fine (idéalement de la taille de grains de riz).
- Faites chauffer l'huile dans une poêle antiadhésive et ajoutez le riz de chou-fleur. Faites-le revenir pendant 5 minutes à feu doux.
- Juste avant de servir, arrosez avec le jus du demi-citron. Salez, poivrez, mélangez et servez sans attendre.

L'ASTUCE EN +

Vous pouvez agrémenter votre riz des ingrédients de votre choix, par exemple des petits dés de jambon blanc, des herbes fraîches ciselées, une pincée d'épices (curry, curcuma…).

QUICHE SANS PÂTE AUX CHAMPIGNONS ET ASPERGES VERTES

Riche en protéines, riche en antioxydants

POUR 4 À 6 PERSONNES
PRÉPARATION : 20 MINUTES
CUISSON : 45 MINUTES

INGRÉDIENTS : 250 g d'asperges vertes fraîches ; 200 g de champignons de Paris ; 5 œufs ; 120 ml de lait de coco ; ½ oignon rouge ; 2 gousses d'ail ; quelques brins de romarin ; 2 c. à s. d'huile d'olive ; 1 c. à s. de graines de sésame ; sel marin non raffiné, poivre du moulin.

- Préchauffez le four sur th. 6 (180 °C).
- Nettoyez et émincez les champignons. Pelez et émincez l'oignon rouge. Pelez et hachez finement les gousses d'ail.
- Taillez les asperges pour éliminer leurs queues trop fibreuses. Épluchez-les de la pointe vers la queue à l'aide d'un économe. Coupez-les en tronçons de 5 cm environ.
- Faites chauffer 1 c. à s. d'huile d'olive dans une poêle. Ajoutez l'oignon et laissez-le fondre à feu doux pendant 5 minutes. Ajoutez les asperges et faites cuire 5 minutes en remuant de temps en temps. Ajoutez ensuite les champignons et poursuivez la cuisson 5 minutes environ (les asperges doivent être encore croquantes).
- Dans un saladier, battez les œufs avec le lait de coco. Ajoutez l'ail, le romarin et les graines de sésame. Salez et poivrez.

→

- Huilez un moule à tarte avec le reste d'huile d'olive. Versez les légumes puis la préparation aux œufs. Enfournez et laissez cuire 30 minutes. Servez chaud.

L'ASTUCE EN +

Si vous le souhaitez, vous pouvez bien sûr préparer cette quiche avec une pâte paléo : voir la recette p. 167.

PETITES GALETTES DE COURGETTES

Bon pour le transit

POUR 4 PERSONNES
PRÉPARATION : 15 MINUTES
ATTENTE : 15 MINUTES
CUISSON : 10 MINUTES

INGRÉDIENTS : 2 courgettes moyennes ; 1 œuf ; 3 c. à s. de farine de coco ; 1 c. à s. d'huile d'olive ; 1 gousse d'ail ; 1 c. à c. de sel marin non raffiné, poivre du moulin.

- Lavez les courgettes et râpez-les finement. Versez-les dans un saladier et mélangez-les avec le sel. Laissez-les dégorger 15 minutes.
- Pendant ce temps, pelez et hachez finement l'ail.
- Dans un saladier, battez l'œuf avec la farine de coco. Ajoutez l'ail et poivrez.
- Rincez les courgettes et égouttez-les très soigneusement, en les pressant bien avec les mains pour éliminer le maximum d'eau. Ajoutez-les dans le saladier et mélangez.
- Faites chauffer l'huile d'olive dans une poêle. Déposez une petite louche de la préparation aux courgettes et faites cuire 7 à 10 minutes en retournant à mi-cuisson. Recommencez jusqu'à épuisement de la pâte. Servez chaud ou tiède.

L'ASTUCE EN +

Vous pouvez parfumer vos petites galettes avec du curry, du piment, des herbes de Provence…

HARICOTS VERTS AUX AMANDES

Bon pour le transit

POUR 4 PERSONNES
PRÉPARATION : 15 MINUTES
CUISSON : 10 MINUTES

INGRÉDIENTS : 500 g de haricots verts frais extrafins ; 50 g d'amandes effilées ; 1 gousse d'ail ; 1 c. à s. d'huile d'olive ; sel marin non raffiné, poivre.

- Lavez et équeutez les haricots verts. Faites-les cuire 8 minutes dans un grand volume d'eau bouillante salée.
- Pendant ce temps, faites griller les amandes effilées à sec dans une poêle antiadhésive pendant 2 minutes Réservez. Pelez et hachez finement l'ail.
- Dans un grand saladier, mélangez l'huile d'olive et l'ail. Salez légèrement et poivrez.
- Égouttez les haricots verts et stoppez la cuisson en les passant rapidement sous un filet d'eau froide (cela permet aussi de garder leur belle couleur verte). Versez les haricots verts dans le saladier. Mélangez rapidement, parsemez d'amandes effilées et servez.

L'ASTUCE EN +

Cette recette est délicieuse avec des haricots verts frais. Si vous n'en trouvez pas, ou si l'on est hors saison, remplacez-les par des haricots verts surgelés.

ÉPINARDS AU SÉSAME

Riche en antioxydants, bon pour le transit

POUR 4 PERSONNES
PRÉPARATION : 10 MINUTES
CUISSON : 5 MINUTES

INGRÉDIENTS : 1 kg d'épinards frais ; ½ citron ; 2 c. à s. de graines de sésame ; 3 gousses d'ail ; 1 pincée de poudre de piment ; 1 c. à s. d'huile d'olive ; sel marin non raffiné, poivre du moulin.

- Lavez et égouttez les feuilles d'épinards. Hachez-les grossièrement.
- Pelez et hachez l'ail. Faites griller les graines de sésame à sec pendant 1 minute dans une poêle antiadhésive.
- Pressez le citron. Mélangez son jus à la poudre de piment. Salez légèrement et poivrez.
- Faites chauffer l'huile dans une sauteuse. Ajoutez les épinards et l'ail et laissez-les fondre 4 à 5 minutes à feu moyen.
- Versez le mélange jus de citron-piment et mélangez. Parsemez de graines de sésame avant de servir.

L'ASTUCE EN +

Pour un goût de sésame plus prononcé, vous pouvez ajouter 1 c. à s. de purée de sésame en fin de cuisson (dans les magasins bio).

FRITTATA TOUTE VERTE

Riche en antioxydants, anticancer

POUR 4 PERSONNES
PRÉPARATION : 15 MINUTES
CUISSON : 20 MINUTES

INGRÉDIENTS : 4 œufs ; 2 petites courgettes ; 200 g de feuilles de chou kale ; 300 g de feuilles d'épinards ; 1 oignon ; 1 gousse d'ail ; quelques brins de persil frais ; 1 c. à s. d'huile d'olive ; sel marin non raffiné, poivre du moulin.

- Rincez les courgettes et coupez-les en dés. Rincez les feuilles de chou kale et les feuilles d'épinards, hachez-les grossièrement. Pelez et hachez l'oignon et l'ail. Rincez, séchez et ciselez le persil.
- Faites chauffer l'huile d'olive dans une poêle. Versez l'oignon et l'ail et laissez fondre 5 minutes à feu doux. Ajoutez les dés de courgettes et poursuivez la cuisson 5 minutes. Versez le chou kale et les feuilles d'épinards. Laissez cuire encore 2 à 3 minutes en mélangeant régulièrement.
- Dans un bol, battez les œufs. Ajoutez le persil, salez légèrement et poivrez.
- Versez les œufs battus dans la poêle et laissez cuire à feu moyen pendant 5 minutes environ. Servez bien chaud.

L'ASTUCE EN +

Pour faire dorer le dessus de votre frittata, passez-la 2 à 3 minutes sous le gril du four juste avant de servir (si votre poêle vous le permet, par exemple si elle est dotée d'un manche amovible).

TAGLIATELLES DE LÉGUMES AUX HERBES ET NOIX DE CAJOU

Anticholestérol, riche en antioxydants

POUR 4 PERSONNES
PRÉPARATION : 15 MINUTES
CUISSON : 10 MINUTES

INGRÉDIENTS : 3 courgettes ; 3 carottes ; quelques brins de coriandre fraîche ; quelques brins de persil frais ; une quinzaine de noix de cajou non salées ; 1 gousse d'ail ; 1 c. à s. d'huile d'olive ; sel marin non raffiné, poivre du moulin.

- Lavez les courgettes et détaillez-les en tagliatelles à l'aide d'un économe. Pelez les carottes et découpez-les de la même façon. Pelez et hachez l'ail. Rincez, séchez et ciselez la coriandre et le persil. Concassez grossièrement les noix de cajou.
- Faites chauffer l'huile dans une poêle. Ajoutez l'ail et laissez fondre 2 minutes à feu doux. Ajoutez les tagliatelles de carottes et faites cuire à feu doux 5 minutes en remuant régulièrement.
- Ajoutez les tagliatelles de courgettes et poursuivez la cuisson 5 à 7 minutes environ. Juste avant de servir, parsemez d'herbes ciselées, salez, poivrez et mélangez. Servez chaud parsemé de noix de cajou concassées.

L'ASTUCE EN +

Vous pouvez parfumer votre poêlée de légumes avec du curry.

COURGETTES FARCIES À L'ORANGE ET AUX PIGNONS DE PIN

Bon pour la santé cardiovasculaire

POUR 4 PERSONNES
PRÉPARATION : 20 MINUTES
CUISSON : 55 MINUTES

INGRÉDIENTS : 8 courgettes rondes ; 1 courgette longue ; 1 orange bio ou non traitée ; 60 g de pignons de pin ; 1 oignon ; 1 gousse d'ail ; 1 c. à s. d'huile d'olive ; sel marin non raffiné, poivre du moulin.

- Lavez les courgettes rondes. Coupez légèrement leur base pour qu'elles tiennent droites. Étêtez-les et creusez-les à l'aide d'une cuillère. Éliminez les pépins.
- Lavez la courgette longue et détaillez-la en petits dés. Pelez et hachez l'oignon et l'ail. Lavez l'orange, zestez-la et pressez-la.
- Faites chauffer l'huile d'olive dans une poêle. Ajoutez l'oignon et l'ail et laissez fondre 5 minutes à feu doux. Versez les dés de courgettes et le jus d'orange et poursuivez la cuisson 10 minutes environ, toujours à feu doux, en mélangeant régulièrement. En fin de cuisson, incorporez les pignons de pin et le zeste d'orange.
- Remplissez les courgettes évidées avec cette farce.
- Enfournez et laissez cuire 40 minutes environ.

L'ASTUCE EN +

Vous pouvez remplacer l'orange par un citron.

PURÉE DE CHOU-FLEUR ET CÉLERI

Anticancer, riche en antioxydants

POUR 4 PERSONNES
PRÉPARATION : 15 MINUTES
CUISSON : 25 MINUTES

INGRÉDIENTS : ½ céleri-rave ; ½ chou-fleur ; 1 courgette ; 10 cl de crème de coco ; 1 échalote ; 1 oignon ; 1 c. à s. d'huile d'olive ; poivre du moulin.

- Pelez et hachez l'échalote et l'oignon. Épluchez le céleri-rave et coupez-le en gros morceaux. Lavez le chou-fleur et détaillez-les en petits bouquets. Lavez la courgette et coupez-la en gros dés.
- Faites chauffer l'huile d'olive. Ajoutez l'échalote et l'oignon et faites-les fondre à feu doux pendant 5 minutes. Ajoutez ensuite le céleri, le chou-fleur et la courgette. Versez 200 ml d'eau. Portez à ébullition et laissez cuire 20 minutes.
- Écrasez les légumes en purée, et mélangez avec la crème de coco. Poivrez et servez bien chaud.

L'ASTUCE EN +

N'hésitez pas à parfumer votre purée avec une pincée de noix de muscade !

PURÉE DE POTIMARRON AUX NOISETTES

Riche en antioxydants

POUR 4 PERSONNES
PRÉPARATION : 20 MINUTES
CUISSON : 40 MINUTES

INGRÉDIENTS : 1 petit potimarron (800 g à 1 kg) ; 1 courgette ; 1 oignon ; 1 c. à s. de purée de noisettes ; 10 noisettes entières ; 1 c. à s. d'huile d'olive ; poivre.

- Épluchez le potimarron et coupez-le en gros dés. Lavez la courgette et détaillez-la en morceaux. Pelez et émincez l'oignon.
- Dans une marmite, faites chauffer l'huile d'olive. Ajoutez l'oignon et laissez-le fondre 5 minutes à feu doux. Ajoutez le potimarron et la courgette. Couvrez d'eau à hauteur, portez à ébullition et faites cuire 30 minutes.
- Concassez grossièrement les noisettes et faites-les torréfier 5 minutes dans une poêle antiadhésive, sans ajout de matières grasses.
- Égouttez les légumes et mixez-les avec la purée de noisettes et une partie du bouillon de cuisson. Poivrez. Servez bien chaud parsemé de noisettes concassées.

L'ASTUCE EN +

Vous trouverez de la purée de noisettes (non sucrée) dans les magasins bio. Vous pouvez, si vous le souhaitez, la remplacer par de la purée d'amandes.

CHOUX DE BRUXELLES AU CITRON ET AU SÉSAME

Anticancer, riche en antioxydants

POUR 4 PERSONNES
PRÉPARATION : 10 MINUTES
CUISSON : 30 MINUTES

INGRÉDIENTS : 500 g de choux de Bruxelles ; 1 citron bio ou non traité ; 2 c. à s. de graines de sésame ; 2 gousses d'ail : 1 c. à s. d'huile d'olive ; poivre du moulin.

- Rincez les choux de Bruxelles. Coupez légèrement le trognon et éliminez les feuilles abîmées. Coupez-les en deux. Pelez et hachez l'ail. Rincez, zestez puis pressez le citron.
- Faites dorer les graines de sésame à sec dans une poêle antiadhésive pendant 2 à 3 minutes.
- Dans cette même poêle, faites chauffer l'huile d'olive. Ajoutez l'ail et laissez-le fondre 5 minutes à feu doux. Ajoutez les choux de Bruxelles, un peu d'eau et faites cuire 15 à 20 minutes à feu doux en remuant régulièrement.
- En fin de cuisson, versez le zeste et le jus de citron, parsemez de graines de sésame, poivrez et mélangez. Servez chaud.

L'ASTUCE EN +

Pour cette recette, on utilise bien sûr des choux de Bruxelles frais. Pas question d'utiliser les choux de Bruxelles en conserve ou surgelés, qui n'ont ni la même saveur ni le même croquant !

CHAMPIGNONS FARCIS

Riche en protéines

POUR 4 PERSONNES
PRÉPARATION : 20 MINUTES
CUISSON : 55 MINUTES

INGRÉDIENTS : 8 gros champignons de Paris à farcir ; 500 g de champignons de Paris ; 2 échalotes ; 6 gousses d'ail ; ½ bouquet de persil plat ; 2 c. à s. d'huile d'olive ; sel marin non raffiné, poivre du moulin.

- Pelez les gousses d'ail et hachez-les finement. Rincez, séchez et ciselez finement le persil. Mélangez l'ail et le persil avec 1 c. à s. d'huile d'olive. Salez et poivrez. Réservez.
- Pelez et hachez les échalotes. Nettoyez et essuyez les petits champignons de Paris, puis hachez-les.
- Faites chauffer le reste d'huile d'olive. Ajoutez les échalotes et laissez-les fondre 5 minutes. Versez le hachis de champignons et faites-le cuire 20 à 30 minutes à feu doux en remuant régulièrement. En fin de cuisson, ajoutez le mélange ail-persil-huile d'olive et mélangez.
- Épluchez les gros champignons et détachez leur queue. Farcissez-les avec la préparation précédente. Déposez les champignons farcis dans un grand plat et enfournez 20 minutes environ. Servez bien chaud.

L'ASTUCE EN +

Vous pouvez ajouter quelques lardons dans votre farce aux champignons.

Les petites douceurs et les desserts paléo

PANCAKES À LA BANANE

Coupe-faim, énergétique

POUR 6 À 8 PANCAKES
PRÉPARATION : 10 MINUTES
CUISSON : 4 MINUTES PAR PANCAKE

INGRÉDIENTS : 2 bananes bien mûres ; 2 œufs ; 2 c. à s. de purée d'amandes ; 2 c. à s. d'huile de coco.

- Pelez les bananes et écrasez-les à la fourchette.
- Ajoutez les œufs entiers et la purée d'amandes. Mélangez bien de manière à avoir une consistance homogène. Formez 6 à 8 boules que vous aplatissez.
- Huilez une poêle à crêpes avec un peu d'huile de coco. Faites cuire les pancakes à feu moyen pendant 2 à 3 minutes, puis retournez-les à l'aide d'une large spatule et poursuivez la cuisson 1 minute. Servez sans attendre.

LES ASTUCES EN +

Cette recette est idéale pour « recycler » des bananes trop mûres. Vous pouvez servir ces pancakes avec des fruits rouges frais (framboises, fraises…) et/ou un peu de miel. Ou, pour une version encore plus gourmande, avec de la pâte à tartiner choco-noisettes (voir la recette p. 149).

GRANOLA PALÉO

Bon pour la santé cardiovasculaire

POUR 1 BOCAL DE 500 G ENVIRON
PRÉPARATION : 15 MINUTES
CUISSON : 30 MINUTES

INGRÉDIENTS : 100 g de noisettes mondées ; 100 g d'amandes mondées ; 100 g de noix de cajou ; 50 g de graines de tournesol ; 100 g de noix de coco râpée ; 60 g de miel ; 40 g d'huile de coco ; 2 c. à c. de cannelle en poudre ; 1 pincée de sel marin non raffiné.

- Préchauffez le four sur th. 5 (150 °C).
- À l'aide d'un mixeur, hachez grossièrement les noisettes, les amandes, les noix de cajou et les graines de tournesol. Versez-les dans un saladier.
- Dans une petite casserole, faites fondre l'huile de coco avec le miel. Hors du feu, ajoutez la noix de coco râpée, la cannelle et le sel. Versez dans le saladier et mélangez bien.
- Étalez le granola sur la lèchefrite recouverte de papier sulfurisé et enfournez 25 minutes environ (en remuant toutes les 5 à 10 minutes environ et en veillant à ce que la préparation ne dore pas trop).
- Laissez refroidir puis versez dans un bocal en verre hermétique.

→

LES ASTUCES EN +

- Ce granola est idéal au petit déjeuner ou bien en en-cas. Dégustez-le par exemple avec du lait de coco ou d'amandes, et quelques fruits frais.
- Vous pouvez aussi le préparer avec d'autres fruits oléagineux et des graines : noix de Grenoble, noix de macadamia, graines de lin, graines de sésame…
- Ce granola se conserve très bien, de préférence au réfrigérateur, pendant 2 mois environ. Alors n'hésitez pas à doubler les doses si vous en consommez chaque matin !

PALÉO-PORRIDGE

Bon pour la santé cardiovasculaire, riche en magnésium

POUR 4 PERSONNES
PRÉPARATION : 5 MINUTES
CUISSON : 10 MINUTES

INGRÉDIENTS : 3 bananes bien mûres ; 8 c. à s. de noix de coco râpée ; 8 c. à s. de poudre d'amandes ; 500 ml de lait d'amandes ; ½ c. à c. de cannelle en poudre.

- Pelez et écrasez les bananes. Versez la purée de bananes dans une casserole, ajoutez la noix de coco, la poudre d'amandes, le lait d'amandes et la cannelle. Mélangez. Faites chauffer à feu doux pendant 10 minutes en mélangeant régulièrement.
- Répartissez la préparation dans des bols et servez.

L'ASTUCE EN +

Agrémentez cette recette de fruits de saison. En été, ajoutez des fruits rouges et des amandes effilées, par exemple. En hiver, optez pour des raisins secs et des dés de pommes.

CHOCOLAT CHAUD EXPRESS AU LAIT DE COCO

Riche en magnésium

POUR 4 PERSONNES
PRÉPARATION : 2 MINUTES
CUISSON : 10 MINUTES

INGRÉDIENTS : 600 ml de lait de coco ; 200 ml de crème de coco ; 6 c. à s. de cacao en poudre non sucré ; 4 c. à c. de sucre de fleur de coco ; 1 c. à c. de cannelle en poudre.

- Versez le lait et la crème de coco dans une petite casserole. Faites chauffer à feu doux, sans laisser bouillir.
- Hors du feu, ajoutez le cacao et le sucre de fleur de coco. Mélangez bien et versez dans quatre bols.
- Saupoudrez d'un peu de cannelle et servez.

L'ASTUCE EN +

Vous pouvez aussi préparer cette recette avec du lait d'amande.

PÂTE À TARTINER CHOCO-NOISETTES

Bon pour la santé cardiovasculaire

POUR 1 POT DE 225 G ENVIRON
PRÉPARATION : 15 MINUTES
CUISSON : 30 MINUTES

INGRÉDIENTS : 150 g de noisettes mondées ; 75 g de chocolat noir à 70 % de cacao ; 1 c. à s. d'huile de coco ; 1 c. à s. de lait d'amandes.

- Faites torréfier les noisettes au four pendant 20 minutes.
- Mixez les noisettes au blender de manière à obtenir une consistance légèrement liquide (comptez une bonne vingtaine de minutes : la poudre devient d'abord collante avant de se liquéfier).
- Dans une casserole au bain-marie, faites fondre le chocolat cassé en morceaux avec l'huile de coco. Une fois le mélange homogène et le chocolat bien fondu, ajoutez la purée de noisettes et le lait d'amandes. Mélangez bien.
- Versez la pâte à tartiner dans un pot à confiture et laissez refroidir.

LES ASTUCES EN +

- Cette pâte à tartiner se conserve une bonne dizaine de jours au réfrigérateur. Pour l'étaler plus facilement, pensez à la sortir 30 minutes à 1 heure avant de la déguster.
- Pour vous simplifier la tâche, vous pouvez utiliser de la purée de noisettes toute prête (en magasin bio).

MUFFINS CHOCOLAT-EXPRESSO*

Riche en magnésium

POUR 12 PETITS MUFFINS
PRÉPARATION : 15 MINUTES
CUISSON : 12 MINUTES

INGRÉDIENTS : 170 g de poudre d'amandes ; 2 œufs ; 1 c. à s. de cacao en poudre non sucré ; 2 c. à s. de café instantané en poudre ; 4 c. à s. d'huile de coco (+ 1 c. à c. pour les moules) ; 4 c. à s. de sirop d'érable ; ½ c. à c. de bicarbonate ; ½ c. à c. de poudre à lever ; 1 c. à s. d'extrait de vanille liquide ; 1 pincée de sel.

- Dans un saladier, mélangez la poudre d'amandes avec le cacao, le café instantané, le bicarbonate, la poudre à lever et le sel.
- Dans un autre bol, mélangez les œufs battus avec l'huile de noix de coco, le sirop d'érable et la vanille.
- Versez ce second mélange dans le premier en mélangeant bien. Versez la préparation dans 12 petits moules à muffins préalablement graissés à l'huile de coco.
- Enfournez et laissez cuire 10 à 12 minutes environ. Laissez tiédir quelques minutes hors du four puis démoulez les muffins et laissez-les refroidir.

L'ASTUCE EN +

Adaptez le temps de cuisson en fonction de la taille vos muffins. Comptez 12 à 15 minutes pour 6 muffins plus gros.

---

* Recette issue du blog clemsansgluten.com, reproduite avec l'aimable autorisation de son auteure, Clémentine Miserolle. Retrouvez aussi toutes ses recettes dans *Une année de cuisine familiale sans gluten*, paru aux éditions Leduc.s.

SCONES AUX MYRTILLES

Bon pour la santé cardiovasculaire, antioxydant, bon pour les yeux

POUR 4 À 6 PERSONNES
PRÉPARATION : 10 MINUTES
CUISSON : 20 MINUTES

INGRÉDIENTS : 125 g de myrtilles ; 190 g de poudre d'amandes ; 3 c. à s. de farine de coco ; 1 œuf ; 4 c. à s. de miel ; 60 ml de lait d'amandes ; ½ c. à c. de bicarbonate ; 1 pincée de sel.

- Mélangez au robot (ou à la main) la poudre d'amandes, la farine de coco, l'œuf, le miel, le lait d'amandes, le bicarbonate et le sel jusqu'à ce que la pâte soit homogène et formez une boule.
- Ajoutez les myrtilles et mélangez rapidement. Détaillez la pâte en une douzaine de petites boules. Aplatissez-les légèrement (sur une épaisseur de 5 cm environ) et déposez-les sur la plaque du four recouverte de papier sulfurisé.
- Enfournez et laissez cuire 15 à 20 minutes.

L'ASTUCE EN +

Vous pouvez aussi préparer cette recette avec des framboises ou bien, en hiver, avec des raisins secs.

COOKIES TOUT COCO

Bon pour le transit, bon pour la santé cardiovasculaire

POUR UNE DOUZAINE DE COOKIES
PRÉPARATION : 15 MINUTES
CUISSON : 20 MINUTES

INGRÉDIENTS : 60 g de farine de coco ; 60 ml de lait de coco ; 60 g d'huile de coco ; 4 œufs ; 1 c. à s. de miel liquide ; 1 pincée de sel.

- Préchauffez le four sur th. 6 (180 °C).
- Faites fondre l'huile de coco dans une petite casserole, de manière à la rendre liquide.
- Dans un saladier, mélangez la farine de coco avec le lait de coco. Ajoutez l'huile de coco, le miel liquide et le sel et mélangez. Incorporez ensuite les œufs en mélangeant bien.
- Formez des petites boules de pâte à l'aide d'une cuillère à soupe. Déposez-les sur la plaque du four recouverte de papier sulfurisé.
- Enfournez et laissez cuire 20 minutes environ.

LES ASTUCES EN +

Vous pouvez agrémenter vos cookies de petits éclats de chocolat noir à 70 % ou bien de quelques noix ou amandes concassées.

CHIPS DE POMME À LA CANNELLE

Bon pour la ligne, coupe-faim

POUR 4 PERSONNES
PRÉPARATION : 10 MINUTES
CUISSON : 2 À 3 HEURES

INGRÉDIENTS : 4 pommes ; 1 c. à s. de cannelle en poudre.

- Préchauffez le four sur th. 7 (210 °C).
- Lavez les pommes. Découpez-les en tranches fines à l'aide d'une mandoline. Enlevez le cœur.
- Déposez les tranches de pommes sur la grille du four recouverte de papier sulfurisé. Saupoudrez de cannelle.
- Enfournez et laissez cuire 2 à 3 heures en retournant régulièrement les tranches de pommes.

L'ASTUCE EN +

Conservez vos chips de pommes dans une boîte hermétiquement fermée, afin qu'elles gardent tout leur croustillant.

COOKIES ABRICOT-CITRON

Bon pour la santé cardiovasculaire, antioxydant

POUR UNE DIZAINE DE COOKIES
PRÉPARATION : 15 MINUTES
CUISSON : 10 MINUTES

INGRÉDIENTS : 110 g de poudres d'amandes ; 4 abricots secs ; ½ c. à c. de bicarbonate ; 2 c. à s. d'huile de coco ; 1 citron bio ou non traité ; 1 c. à s. de sirop d'érable ; 1 c. à c. d'extrait de vanille liquide.

- Préchauffez le four sur th. 6 (180 °C).
- Lavez et zestez le citron. Pressez-le pour récupérer 1 c. à s. de jus.
- Mélangez la poudre d'amandes avec le bicarbonate, l'huile de coco, le zeste et le jus de citron, le sirop d'érable et la vanille jusqu'à obtenir une pâte homogène.
- Coupez les abricots secs en tout petits morceaux et incorporez-les à la pâte.
- Prélevez des petites boules de pâte et déposez-les sur la plaque du four recouverte de papier sulfurisé. Enfournez et laissez cuire 8 à 10 minutes environ.

L'ASTUCE EN +

Délicieux aussi avec une pincée de cannelle !

ROCHERS À LA NOIX DE COCO

Coupe-faim, bon pour la santé cardiovasculaire

POUR UNE DIZAINE DE BISCUITS
PRÉPARATION : 15 MINUTES
CUISSON : 20 MINUTES

INGRÉDIENTS : 125 g de noix de coco râpée ; 2 blancs d'œufs ; 1 c. à s. de miel liquide ; 1 pincée de sel.

- Dans un saladier, mélangez la noix de coco avec le miel.
- Montez les blancs en neige avec la pincée de sel.
- Ajoutez le mélange noix de coco-miel aux blancs en neige en mélangeant délicatement à l'aide d'une spatule, de manière à ne pas casser les blancs.
- À l'aide de deux cuillères à soupe, formez des petits tas de pâte et déposez-les sur la plaque du four recouverte de papier sulfurisé.
- Enfournez et laissez cuire 20 minutes environ. Laissez les biscuits refroidir avant de déguster.

LES ASTUCES EN +

- Vous pouvez remplacer une partie de la noix de coco par de la poudre d'amandes.
- Pour une version encore plus gourmande, vous pouvez tremper les biscuits une fois cuits dans un petit bain de chocolat fondu. Laissez-le ensuite sécher quelques minutes.

MOUSSE CHOCO-AVOCAT

Bon pour la santé cardiovasculaire, riche en magnésium

POUR 4 PERSONNES
PRÉPARATION : 15 MINUTES
ATTENTE : 2 HEURES

INGRÉDIENTS : 2 avocats bien mûrs ; 50 g de chocolat noir à 70 % de cacao ; 25 g de cacao en poudre ; 3 c. à s. de lait de coco ; 2 c. à s. de miel liquide ; 1 pincée de sel.

- Ouvrez les avocats en deux, retirez leurs noyaux et récupérez leur chair. À l'aide d'un grand couteau, taillez grossièrement le chocolat.
- Versez la chair d'avocat et les morceaux de chocolat dans le bol du mixeur. Ajoutez le cacao, le lait de coco, le miel liquide et la pincée de sel. Mixez jusqu'à obtenir une consistance homogène.
- Versez la mousse dans des verrines et mettez au frais au moins 2 heures avant de servir.

L'ASTUCE EN +

Vous pouvez servir ces mousses décorées de framboises ou de fraises fraîches.

BROWNIE FONDANT AU MOKA[*]

Coupe-faim, riche en magnésium

POUR 6 À 8 PERSONNES
PRÉPARATION : 15 MINUTES
CUISSON : 35 MINUTES

INGRÉDIENTS : 150 g de chocolat noir pâtissier ; 4 œufs ; 50 g de poudre d'amandes ; 2 c. à s. de farine de coco ; 125 g de sucre de noix de coco ; 50 g d'huile de noix de coco (+ 1 c. à c. pour le moule) ; 1 c. à s. de café instantané en poudre ; 1 c. à s. d'extrait de vanille liquide ; 1 pincée de sel marin non raffiné.

- Préchauffez le four sur th. 6 (180 °C).
- Coupez-le chocolat en morceaux. Faites-le fondre au bain-marie, à feu doux. Une fois qu'il est fondu, versez l'huile de coco et la poudre de café et mélangez.
- Ajoutez ensuite les œufs, le sucre de coco, l'extrait de vanille et le sel. Mélangez bien.
- Incorporez la poudre d'amandes et la farine de noix de coco en mélangeant bien.
- Versez la pâte dans le moule préalablement huilé.
- Faites cuire 25 à 30 minutes.

L'ASTUCE EN +

Pour apporter du croquant au gâteau, vous pouvez ajouter quelques noix (de Grenoble, de pécan, de macadamia…) dans la pâte.

* Recette issue du blog clemsansgluten.com, reproduite avec l'aimable autorisation de son auteure, Clémentine Miserolle. Retrouvez aussi toutes ses recettes dans *Une année de cuisine familiale sans gluten*, paru aux éditions Leduc.s.

CRUMBLE AUX FRUITS ROUGES

Riche en antioxydants, bon pour la santé cardiovasculaire

POUR 4 PERSONNES
PRÉPARATION : 15 MINUTES
CUISSON : 30 MINUTES

INGRÉDIENTS : 250 g de fraises ; 250 g de framboises ; 150 g de poudre d'amandes ; 100 g de noix de pécan ; 30 g d'huile de coco (+ 1 c. à s. pour le plat) ; 2 c. à s. de miel liquide.

- Lavez et équeutez les fraises. Coupez-les en quartiers. Nettoyez les framboises.
- Concassez grossièrement les noix de pécan. Mélangez-les avec 100 g de poudre d'amandes, l'huile de coco et le miel. Mélangez du bout des doigts de manière à obtenir une consistance sableuse.
- Versez le reste de poudre d'amandes dans un plat préalablement huilé. Déposez dessus les fraises et les framboises. Parsemez de pâte à crumble.
- Faites cuire 30 minutes environ. Servez tiède ou froid.

L'ASTUCE EN +

Vous pouvez remplacer les noix de pécan par tout autre type de noix (de Grenoble, de macadamia…), ou par des noisettes.

FRAISES À LA CHANTILLY DE COCO

Riche en antioxydants

POUR 4 PERSONNES
PRÉPARATION : 15 MINUTES

INGRÉDIENTS : 500 g de fraises ; 400 ml de crème de coco ; 2 c. à s. de sucre de coco.

- Lavez et équeutez les fraises. Répartissez-les dans quatre ramequins individuels. Parsemez de sucre de coco.
- À l'aide d'un batteur, fouettez la crème de coco jusqu'à ce qu'elle soit bien ferme.
- Répartissez la chantilly sur les fraises. Servez sans attendre.

LES ASTUCES EN +

- Pour que la crème de coco monte bien, il faut qu'elle soit bien froide. N'hésitez pas à la mettre au réfrigérateur, ainsi que les fouets du batteur et le saladier, une heure, voire plus, avant de vous mettre en cuisine.
- Si vous ne trouvez pas de crème de coco mais uniquement du lait de coco, il existe une astuce pour le transformer en crème. La veille au soir, mettez votre boîte de lait au réfrigérateur. Le lendemain, ouvrez-la, récupérez la partie crémeuse sur le dessus et fouettez-la avec un fouet électrique. Ne jetez pas le liquide restant : c'est de l'eau de coco, que vous pouvez boire telle quelle ou bien ajouter dans une recette.

POMMES AU FOUR AUX FRUITS SECS

Coupe-faim, bon pour la santé cardiovasculaire

POUR 4 PERSONNES
PRÉPARATION : 15 MINUTES
CUISSON : 40 MINUTES

INGRÉDIENTS : 4 pommes golden ; 2 c. à s. de purée d'amandes ; 2 c. à s. de miel liquide ; 15 noisettes mondées ; 2 c. à s. de raisins secs ; 1 c. à s. d'huile d'olive.

- Préchauffez le four sur th. 7 (210 °C).
- Écrasez grossièrement les noisettes.
- Dans un bol, mélangez la purée d'amandes avec le miel, les noisettes et les raisins secs.
- Lavez les pommes et retirez leur cœur à l'aide d'un vide-pomme (en veillant à ne pas les creuser jusqu'au bout).
- Farcissez-les avec le mélange aux fruits secs. Déposez-les dans un plat à four et arrosez d'un filet d'huile d'olive.
- Enfournez et laissez cuire 40 minutes. Servez tiède.

L'ASTUCE EN +

Vous pouvez servir ces pommes avec une chantilly de coco (voir recette p. 159).

PETITES CRÈMES À LA PURÉE D'AMANDES ET AUX FRAISES

Bon pour la ligne

POUR 4 PERSONNES
PRÉPARATION : 10 MINUTES
CUISSON : 10 MINUTES
ATTENTE : 1 HEURE

INGRÉDIENTS : 250 g de fraises ; 60 g de purée d'amandes blanches ; 200 ml de lait d'amandes ; 4 c. à c. de miel liquide ; 1 g d'agar-agar.

- Versez le lait d'amandes et l'agar-agar dans une casserole. Mélangez soigneusement à l'aide d'un fouet et portez à ébullition. Laissez le mélange bouillir pendant 10 secondes.
- Hors du feu, ajoutez la purée d'amandes et mélangez à nouveau.
- Versez dans 4 ramequins individuels. Laissez refroidir et mettez au réfrigérateur pendant au moins 1 heure.
- Lavez et équeutez les fraises. Coupez-les en lamelles. Décorez-en les petites crèmes et arrosez avec le miel. Servez sans attendre.

L'ASTUCE EN +

En hiver, vous pouvez remplacer les fraises par des lamelles de mangue.

TARTE AUX POMMES ET À LA CANNELLE

Anticancer, coupe-faim, bon pour le transit

POUR 6 PERSONNES
PRÉPARATION : 20 MINUTES
CUISSON : 40 MINUTES

INGRÉDIENTS : 6 pommes ; 1 pâte à tarte sucrée (voir p. 166) ; 1 c. à c. d'huile de coco (pour le moule) ; 2 c. à s. de miel ; 2 c. à c. de cannelle en poudre.

- Préchauffez le four sur th. 6 (180 °C).
- Préparez la pâte sucrée selon les indications de la recette p. 166. Déposez la boule de pâte dans un moule à tarte préalablement huilé et étalez-la à la main.
- Pelez et épépinez les pommes, découpez-les en lamelles fines à l'aide d'une mandoline. Répartissez les pommes sur le fond de tarte. Versez le miel et saupoudrez de cannelle.
- Laissez cuire 40 minutes Servez tiède ou froid.

LES ASTUCES EN +

- Pour faciliter le démoulage de la tarte, utilisez un moule à fond amovible.
- Une dizaine de minutes avant la fin de la cuisson, vous pouvez parsemer les pommes de quelques amandes effilées.

ANANAS RÔTI AUX ÉPICES

Bon pour le transit, bon pour la digestion

POUR 4 PERSONNES
PRÉPARATION : 10 MINUTES
CUISSON : 30 MINUTES

INGRÉDIENTS : 1 ananas ; 1 bâton de cannelle ; 1 gousse de vanille ; 1 petit morceau de gingembre frais ; 1 clou de girofle ; 1 orange bio ou non traitée ; 4 c. à s. de sucre de coco ; 2 c. à s. d'huile de coco.

- Ouvrez la gousse de vanille en deux et récupérez les petits grains noirs à l'aide de la pointe d'un couteau. Râpez le gingembre. Lavez l'orange, zestez-la et pressez-la.
- Pelez à vif l'ananas et coupez-le en 8 quartiers.
- Dans une grande poêle, versez l'huile de coco, le sucre de coco, le jus et le zeste de l'orange et les épices (vanille, girofle et cannelle). Ajoutez 200 ml d'eau et mélangez. Faites chauffer à feu doux pendant 10 minutes en mélangeant.
- Ajoutez les quartiers d'ananas dans la poêle et enrobez-les avec le sirop aux épices. Laissez cuire 20 minutes à feu doux, en mélangeant régulièrement.

L'ASTUCE EN +

Vous pouvez aussi faire rôtir votre ananas (entier) au four. Coupez la base et le plumet. Épluchez-le et enlevez les yeux. Arrosez-le avec le sirop (préparé selon les indications de la recette) et enfournez-le 40 minutes à 180 °C, en l'arrosant régulièrement avec le sirop.

Pains, pâtes et petits basiques

PÂTE À TARTE SUCRÉE

POUR UN ROULEAU DE PÂTE
PRÉPARATION : 10 MINUTES

INGRÉDIENTS : 190 g de poudre d'amandes ; 2 c. à s. d'huile de noix de coco (+ ½ c. à c. pour le moule) ; 1 œuf.

- Dans un bol, mélangez la poudre d'amandes avec l'huile de noix de coco. Ajoutez ensuite l'œuf et mélangez jusqu'à obtenir une boule de pâte.
- Déposez la boule de pâte dans un moule à tarte préalablement graissé, et étalez-la à la main. Ajoutez ensuite votre garniture.

LES ASTUCES EN +

Si besoin, faites fondre l'huile de coco dans une petite casserole afin de la fluidifier (en dessous de 25 °C, elle se solidifie).
Pour faciliter le démoulage de la tarte, utilisez un moule à fond amovible.

PÂTE À TARTE SALÉE

POUR UN ROULEAU DE PÂTE
PRÉPARATION : 10 MINUTES

INGRÉDIENTS : 190 g de poudre d'amandes ; 50 cl d'huile de colza ou d'olive (+ 1 c. à c. pour le moule) ; 1 œuf.

- Dans un bol, mélangez la poudre d'amandes avec l'huile de colza ou d'olive. Ajoutez ensuite l'œuf et mélangez jusqu'à obtenir une boule de pâte.
- Déposez cette boule dans un moule à tarte préalablement graissé, et étalez-la à la main. Ajoutez ensuite votre garniture.

L'ASTUCE EN +

N'hésitez pas à parfumer votre pâte avec quelques herbes séchées (herbes de Provence, basilic...) pour lui donner plus de caractère.

PÂTE À PIZZA

POUR UN ROULEAU DE PÂTE
PRÉPARATION : 10 MINUTES

INGRÉDIENTS : 70 g de poudre d'amandes ; 30 g de farine de coco ; 3 œufs ; 2 c. à s. d'huile d'olive ; 2 c. à s. de vinaigre de cidre ; 1 c. à c. de bicarbonate de sodium.

- Préchauffez le four sur th. 7 (210 °C).
- Versez la poudre d'amandes, la farine de coco et le bicarbonate dans un saladier. Mélangez-les bien à l'aide d'un petit fouet. Faites un puits au centre et versez les œufs entiers légèrement battus, l'huile d'olive et le vinaigre de cidre. Mélangez à la main ou au robot jusqu'à obtention d'une pâte homogène.
- Étalez la pâte au rouleau et déposez-la sur une plaque de cuisson recouverte de papier sulfurisé.
- Faites-la précuire 15 minutes au four avant de la garnir (voir notre exemple de recette p. 115). Une fois la garniture ajoutée, vous pourrez poursuivre la cuisson 15 minutes environ.

LES ASTUCES EN +

- Pour donner plus de goût à votre pâte, ajoutez quelques pincées d'origan séché.
- Pour éviter que la pâte ne colle au rouleau, placez-la entre deux feuilles de papier cuisson. Si elle vous semble trop liquide, versez-la directement dans un moule rond ou carré, et étalez-la à la main.

PAIN AUX DATTES ET AUX FIGUES*

Bon pour le transit, antioxydant

POUR 1 PAIN DE 500 G ENVIRON
PRÉPARATION : 15 MINUTES
CUISSON : 40 MINUTES

INGRÉDIENTS : 170 g de poudre d'amandes ; 20 g de farine de noix de coco ; 4 dattes fraîches ; 2 figues fraîches ; 5 œufs ; 1 c. à s. d'huile de noix de coco (pour le moule) ; 1 c. à s. de miel (châtaignier par exemple) ; 1 c. à s. de vinaigre de cidre ; ½ c. à c. de bicarbonate de soude ; ¼ de cuillère à café de sel fin.

- Préchauffez le four sur th. 6 (180 °C).
- Dénoyautez les dattes et coupez-les en dés. Lavez les figues et coupez-les en deux.
- Dans un saladier, mélangez la poudre d'amandes, la farine de coco, le bicarbonate et le sel à l'aide d'un petit fouet.
- Ajoutez les œufs, l'un après l'autre et mélangez soigneusement (à la main ou à l'aide d'un robot). Versez ensuite l'huile de coco, le miel et le vinaigre. Mélangez. Ajoutez les morceaux de dattes.
- Versez la pâte dans un moule à pain ou à cake préalablement huilé. Décorez avec les demi-figues, côté chair en l'air.

→

* Recette issue du blog clemsansgluten.com, reproduite avec l'aimable autorisation de son auteure, Clémentine Miserolle. Retrouvez aussi toutes ses recettes dans *Une année de cuisine familiale sans gluten*, paru aux éditions Leduc.s.

- Enfournez 35 à 40 minutes. Si nécessaire, couvrez le pain d'une feuille de cuisson 5 à 10 minutes avant la fin pour éviter que les figues noircissent et que le pain ne dore trop.

LES ASTUCES EN +

- Pour une texture parfaite, se reporter à l'astuce de la recette p. 171 pour laisser refroidir le pain.
- Ce pain est une excellente base pour la réalisation de tous vos pains : vous pouvez enlever les dattes et les remplacer, par exemple, par des amandes ou des noisettes concassées.

PAIN AUX GRAINES DE LIN

Bon pour la santé cardiovasculaire

POUR 1 PAIN DE 700 G ENVIRON
PRÉPARATION : 15 MINUTES
CUISSON : 40 MINUTES

INGRÉDIENTS : 240 g de purée d'amandes blanches ; 3 c. à s. de farine de coco ; 40 g de graines de lin ; 6 œufs ; 1 c. à s. de miel ; 60 g d'huile de coco ; ½ c. à s. de vinaigre de cidre ; 1 c. à c. de bicarbonate de sodium ; ½ c. à c. de sel fin.

- Préchauffez le four sur th. 6 (180 °C).
- Dans un saladier, mélangez les graines de lin avec la farine de coco, le bicarbonate et le sel.
- Dans un autre récipient, mélangez soigneusement (à la main ou à l'aide d'un robot) la purée d'amandes avec les œufs battus, le miel, l'huile de coco et le vinaigre.
- Mêlez les ingrédients secs aux ingrédients humides et mélangez bien. Versez dans un moule à pain (ou à cake) préalablement huilé. Enfournez 35 à 40 minutes.
- Laissez refroidir le pain 10 minutes avant de le démouler.

LES ASTUCES EN +

- Si vous conservez votre purée d'amandes au réfrigérateur, pensez à la sortir au moins 30 minutes avant de commencer votre recette, afin qu'elle soit plus facile à mélanger avec le reste des ingrédients.
- Pour une texture parfaite, laissez refroidir le pain une fois cuit sur la porte ouverte du four pendant 15 minutes. Puis laissez-le reposer 1 heure sur le plan de travail avant de le démouler et de le poser sur une grille.

COULIS DE TOMATES

POUR 700 ML DE COULIS ENVIRON
PRÉPARATION : 5 MINUTES
CUISSON : 30 MINUTES

INGRÉDIENTS : 1 kg de tomates mûres ; 1 gros oignon doux ; sel marin non raffiné.

- Lavez les tomates. Coupez-les en morceaux et mettez-les dans une marmite.
- Pelez et émincez l'oignon. Ajoutez-le dans la marmite. Salez légèrement et mélangez.
- Faites cuire les tomates à feu doux pendant 10 minutes. Augmentez ensuite le feu et poursuivez la cuisson 20 minutes à feu moyen en remuant de temps en temps.
- Mixez et filtrez le coulis.

LES ASTUCES EN +

- La plupart des tomates du commerce sont riches en eau, il est donc inutile d'ajouter de l'eau lors de la cuisson. Si vous avez la chance de trouver des tomates bien charnues et pauvres en eau, ajoutez-en dans la marmite pour avoir une consistance légèrement plus liquide.
- Vous pouvez parfumer votre coulis avec de l'origan, de l'ail…

LAIT DE COCO MAISON

POUR 1 LITRE ENVIRON
PRÉPARATION : 5 MINUTES
ATTENTE : 12 HEURES + 30 MINUTES
CUISSON : 15 MINUTES

INGRÉDIENTS : 1 litre d'eau de source ; 80 g de noix de coco râpée.

- Versez l'eau et la noix de coco râpée dans une casserole. Laissez reposer 12 heures.
- Faites chauffer l'eau additionnée de noix de coco jusqu'à ébullition. Une fois que le mélange bout, laissez cuire 5 minutes à feu doux. Laissez ensuite refroidir 30 minutes.
- Filtrez dans une passoire fine et mettez en bouteille.

L'ASTUCE EN +

Ce lait de coco se conserve 4 à 5 jours au réfrigérateur.

MES PETITES RECETTES MAGIQUES PERSO

Ma recette :

1. 

2. 

3. 

4. 

Ma recette :

1. 

2. 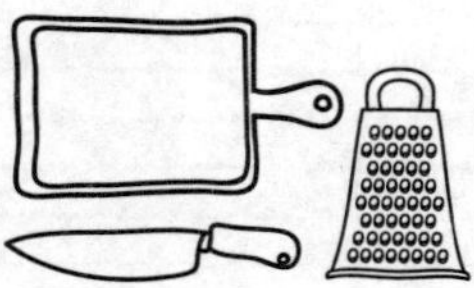

3. 

4. 

Ma recette :

1. 

2. 

3. 

4. 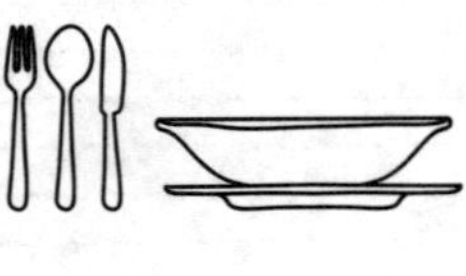

Ma recette :

1. 

2. 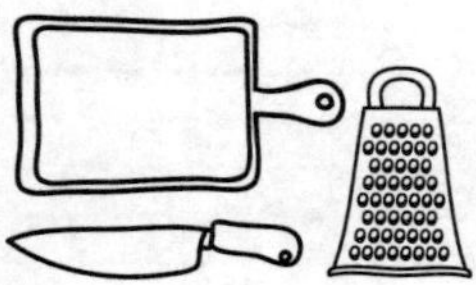

3. 

4. 

Ma recette :

1. 

2. 

3. 

4. 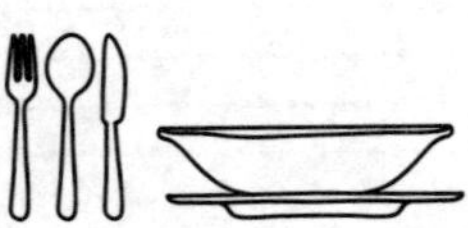

Ma recette :

1. 

2. 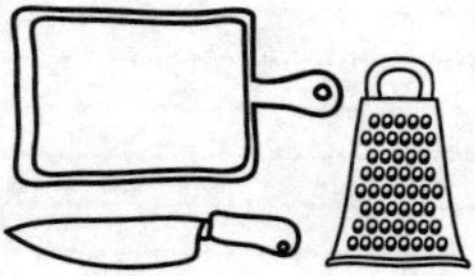

3. 

4. 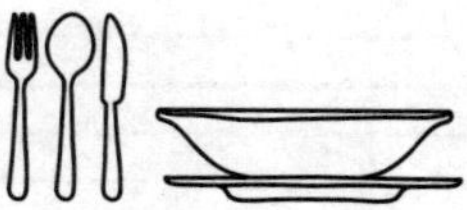

Ma recette :

1. 

2. 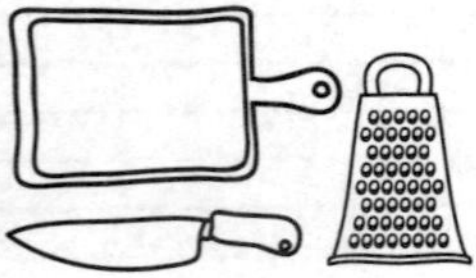

3. 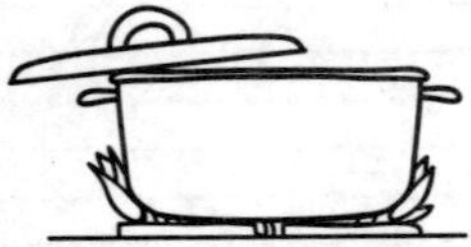

4. 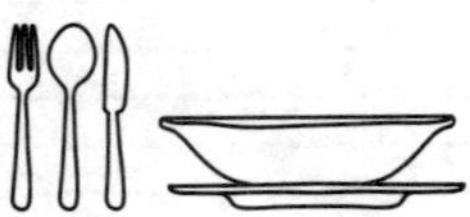

Ma recette :

1. 

2. 

3. 

4. 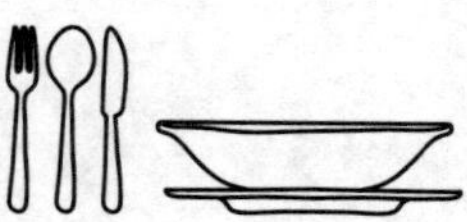

TABLE DES MATIÈRES

EN SUPPLÉMENT

Téléchargez le programme d'une journée paléo type,
des idées de menus et de petits déjeuners,
pour continuer dans votre démarche paléo !

http://blog.editionsleduc.com/recettes-paléo.html

ou scannez ce code

Pour scanner le QR code avec votre téléphone ou votre tablette, téléchargez sur votre magasin d'applications mobiles (App Store, Android market, etc.) une application permettant de lire les QR codes. Lancez l'application et visez le QR code avec l'appareil photo de votre téléphone mobile. L'application reconnaît automatiquement le QR code et vous permet de voir son contenu sur votre écran.

Vous pouvez également accéder au contenu via le lien indiqué, il vous suffira pour cela de taper ce lien directement dans la barre de recherche de votre navigateur Internet.

Achevé d'imprimer par
Novoprint en Espagne
Dépôt légal : janvier 2016